SOLDATS
ET
MISSIONNAIRES
AU CONGO
de 1891 à 1894,

PAR

F. ALEXIS-M. G. [Gochet]

auteur du CONGO BELGE ILLUSTRÉ, du CONGO FRANÇAIS,
d'ALEXIS VRITHOFF
et d'autres ouvrages sur l'Afrique.

SOCIÉTÉ DE SAINT-AUGUSTIN,
DESCLÉE DE BROUWER & Cie.
1896.

SOLDATS & MISSIONNAIRES AU CONGO.

LÉOPOLD II
SOUVERAIN DE L'ÉTAT INDÉPENDANT DU CONGO.

SOLDATS
ET
MISSIONNAIRES
AU CONGO
de 1891 à 1894,

PAR

F. ALEXIS-M. G.

Auteur du CONGO BELGE ILLUSTRÉ, du CONGO FRANÇAIS,
d'ALEXIS VRITHOFF
et d'autres ouvrages sur l'Afrique.

SOCIÉTÉ DE SAINT-AUGUSTIN,

DESCLÉE, DE BROUWER & Cie.

1896.

PREMIÈRE PARTIE.

Le baron Dhanis. La guerre contre les Arabes.

DEUXIÈME PARTIE.

Le capitaine Jacques. Expéditions antiesclavagistes.

TROISIÈME PARTIE.

Alexandre Delcommune. Voyages d'exploration.

QUATRIÈME PARTIE.

Les missionnaires catholiques au Congo.

TOUS DROITS RÉSERVÉS.

PREMIÈRE PARTIE.

LE BARON DHANIS ET LA GUERRE CONTRE LES ARABES.

CHAPITRE I.

Situation préalable. Premières hostilités.

LE MAHOMÉTISME. — L'invasion de l'Afrique par les Arabes a commencé il y a douze siècles, à l'époque même où Mahomet lança à la conquête du monde ses fanatiques sectaires.

Absolument opposées au christianisme, qui prêche l'abnégation pour soi-même et la charité pour le prochain, les doctrines du Coran accordent tout aux passions humaines : elles flattent l'orgueil et l'égoïsme du plus fort ; elles l'autorisent à réduire le plus faible en esclavage, à le traiter comme un vil bétail, en le faisant servir à ses jouissances de toute nature, avec droit de vie et de mort lorsqu'il lui devient inutile ou gênant.

On comprend par là comment l'islamisme, fanatisant ses adeptes, a pu se répandre par le fer et le feu dans la moitié de l'Ancien Continent. On trouve aujourd'hui des Arabes ou des peuples « arabisés » et musulmans dans toute l'Asie, dans la Malaisie, dans la partie méridionale de l'Europe, en Turquie, où Constantinople est leur capitale ; ils dominent sur les deux tiers du Continent africain, où leurs progrès ne cesseront que par l'action des puissances européennes, intéressées désormais à sauvegarder les possessions nouvelles qu'elles y ont acquises.

A tous ces peuples musulmans, pour qui le travail est une abjection, et les satisfactions bestiales une nécessité autorisée par la loi, il faut des serviteurs, des *esclaves* des deux sexes, et pour recruter ces esclaves, il faut la chasse à l'homme, laquelle se traduit en Afrique par la *traite des nègres* et toutes ses atrocités, que nous avons décrites dans des ouvrages spéciaux ([1]).

Or, l'on sait, par le témoignage de Livingstone, de Cameron, de Stanley et de tant d'autres explorateurs ou missionnaires, que pour un nègre qui arrive en Égypte, en Turquie, en Arabie ou en Perse, il y en a dix, vingt peut-être, qui ont péri dans les razzias, l'incendie des villages ou sur la route des caravanes. Parmi les hommes capturés qui ont servi de bêtes de somme pour porter les dents d'ivoire à la côte, beaucoup meurent à la peine. Quant aux femmes et surtout aux enfants destinés à une vente lucrative, leur sort n'en est pas meilleur, car les infortunés n'ont à attendre que la dégradation la plus humiliante.

On s'explique ainsi facilement la ruine et la dépopulation de toutes les contrées d'Afrique et d'ailleurs, soumises au régime inhumain de l'islamisme. Même en Europe et en Asie, dans tout l'empire turc et les autres états musulmans, la population décroît sans cesse malgré l'immigration des esclaves; à plus forte raison en est-il ainsi de ces immenses contrées de l'Afrique intérieure, où les malheureux nègres, impuissants à sauvegarder leur liberté personnelle, se voient même obligés d'aider leurs tyrans à opprimer leurs frères de race noire.

En effet, les brigands que nous voyons notamment dans le Congo belge, ne sont pas tous des Arabes ni même des métis d'Arabes et de nègres; la plupart sont des nègres sauvages, capturés et enrôlés bon gré mal gré pour faire le métier de leurs maîtres. C'est ainsi que sur quinze mille chasseurs d'esclaves qui dévastaient le Congo oriental, et que les troupes belges ont eu à combattre, à peine y en avait-il quelques centaines qui fussent de vrais Arabes zanzibarites; mais ceux-ci étaient les chefs, les conquérants, dominant par leur intelligence la masse des aventuriers à leur solde.

---

1. *La Traite des Nègres, la Barbarie africaine et les Missions catholiques*, 2 vol. in-8° de 240 pages. Liége, Dessain.

Invasion arabe au Congo. — Il y a une quarantaine d'années à peine que les Arabes, partis de Zanzibar, sont arrivés dans le bassin du Congo. Livingstone, le premier, signala en 1870 leur présence et leurs cruautés à Nyangwé. Cameron, qui les y rencontra également, ne put, à cause de leur opposition, obtenir les canots dont il avait besoin pour descendre le fleuve, inconnu alors, et il fut obligé de repartir par le sud-ouest vers l'Angola.

En 1876, Stanley, dans son voyage de découverte du Congo, se heurta au même obstacle. Pourquoi les Arabes de Nyangwé s'opposaient-ils au passage des explorateurs européens, qui demandaient à suivre le fleuve dans la direction du nord? Sans doute parce que ces brigands craignaient l'intrusion de l'étranger dans le Manyéma, qu'ils exploitaient si cruellement.

L'intrépide Stanley passa quand même, en prenant un détour à travers la forêt, et grâce au concours du chef Tippo-Tip, jeune alors et déjà puissant, qui accepta de convoyer l'expédition du blanc pendant deux mois, jusqu'à un point où il fût possible de s'embarquer. En descendant le grand fleuve, Stanley eut à subir de nombreuses attaques des indigènes, qui le prenaient, avec ses Zanzibarites vêtus de costumes arabes, pour les chasseurs d'hommes si redoutés. Ces pauvres indigènes, du Manyéma jusqu'aux Stanley-Falls, souffraient donc déjà des incursions des traitants de Zanzibar.

La même année 1876, le roi Léopold II fondait l'Association internationale africaine. Ayant appelé à Bruxelles le découvreur du Congo, il le renvoya en Afrique avec la mission d'y établir des postes et d'explorer le pays qu'il avait découvert si glorieusement.

Or, « lorsqu'au mois de décembre 1883, dit M. Wauters, Stanley remontait le haut Congo, il rencontra près du confluent du Lomami, une bande arabe dirigée par des sous-ordres appartenant à Abel-ben-Alim, de Nyangwé, et qui avait poussé ses incursions jusqu'un peu en aval des Falls. Pour essayer d'enrayer, par une occupation effective, l'invasion qui s'annonçait, Stanley établit un poste dans une île au terminus de la navigation. Quinze mois plus tard, le 26 janvier 1885, le capitaine Van Gèle, arrivant à son tour aux Falls, y trouva Tippo-Tip installé depuis six mois à la rive; les deux adversaires, l'Européen et l'Arabe, étaient donc, sur le Congo, face à face. La paix promise par l'Arabe ne dura que dix-huit mois : le 28 août 1886, la station, défendue par deux Européens, MM. Dubois et Deane, et un peloton de soldats noirs, fut attaquée et occupée par les hommes de Rachid, neveu de Tippo-Tip. La question arabe était désormais posée pour l'État du Congo.

Tippo-Tip nommé gouverneur des Stanley-Falls. — « Déclarer carrément la guerre aux traitants de Nyangwé, de Kassongo et du Manyéma, il n'y fallait pas songer un seul instant en ce moment ; c'eût été courir à une catastrophe certaine. On sait à quel expédient eut recours alors le gouvernement de l'État pour conjurer le danger, reprendre aux Falls l'autorité qui lui était nécessaire et organiser des bases sérieuses de défense, en vue d'une campagne prochaine, probable, disons inévitable. Tippo-Tip, qui était resté étranger à l'attaque des Falls, ordonnée en son absence par Rachid, fut rencontré à Zanzibar par Stanley, qui reçut l'expression des regrets du vieux chef arabe. Celui-ci était nommé vali des Falls, au service de l'État, et ramené par la voie du Congo à son poste où il relevait le drapeau bleu, le 17 juin 1887. Quelques jours après, la station des Falls était pacifiquement réoccupée par la force armée, sous le commandement des capitaines Van Gèle et Van Kerckhoven.

« On a vivement discuté, au moment où elle s'est produite, cette nomination de Tippo-Tip en qualité d'agent de l'État. On a fait alors sur ce sujet, qui prêtait du reste à la controverse par son originalité, de beaux discours et des articles incisifs. Aujourd'hui l'on doit reconnaître que cette nomination a été un acte d'extrême habileté, qui seul a permis à l'influence européenne de prendre pied graduellement dans ces districts lointains et de se préparer à une action militaire, que la révolte et les succès des mahdistes dans la vallée du haut Nil pouvaient, d'un moment à l'autre, précipiter.

« Les dispositions de l'État furent combinées avec une extrême clairvoyance. Il convient de le dire : si le succès a pu être obtenu aussi rapidement, c'est parce que, dès le début, on a vu nettement, à Bruxelles, ce qu'il importait de faire, et que l'on n'y a pas perdu un instant de vue l'éventualité de la campagne.

« La création de deux camps retranchés fut décidée. Placés l'un et l'autre au point terminus de la navigation à vapeur, en face des avant-postes arabes : l'un à Basoko, sur le Congo, vis-à-vis du confluent du Lomami, l'autre à Lusambo, sur le haut Sankuru, ils devaient être armés de canons et recevoir une forte garnison. Bien que très avancés vers le centre du continent, ils allaient devenir des bases pratiques d'opérations, grâce à la possibilité de les ravitailler et de les secourir à l'aide des vapeurs du Stanley-Pool ([1]). »

Hostilités sur le haut Ouellé. Le commandant Van Kerckhoven. — Avant de décrire la grande expédition du baron Dhanis dans le Manyéma, il est bon de signaler les opérations du commandant Van Kerckhoven dans les régions du nord-est, sur le haut Ouellé, que les Arabes occupaient et d'où ils descendaient vers les Stanley-Falls.

A quatorze ans, le jeune Van Kerckhoven s'engageait dans les troupes pontificales. Ce n'était guère encore qu'un enfant, et il ne voyait dans son enrôlement comme zouave pontifical qu'une occasion de se dévouer, d'affronter les dangers de la guerre, de voir la vie et la mort. Revenu en Belgique, Van Kerckhoven s'engagea dans l'armée belge.

C'est en 1883 qu'il se rendit pour la première fois en Afrique. Il fut d'abord occupé dans le Bas-Congo, en qualité de chef d'Issanghila. Il succéda ensuite à Coquilhat, au commandement de la difficile station des Bangalas. Au cours de son premier séjour, il fit preuve de certaines qualités politiques, car il sut entretenir avec tous les chefs indigènes des environs de sa station les relations les plus courtoises.

Il revint en 1886 en Europe, mais repartit à la fin de la même année pour le Congo, où il reprit le commandement des Bangalas, organisant son district, assurant le bien-être matériel dans toute l'étendue du territoire et donnant une grande exten-

---

1. A. J. WAUTERS, *Le Congo illustré*, auquel nous avons emprunté en partie les détails de cette campagne militaire, ainsi qu'au *Courrier de Bruxelles* et à diverses publications périodiques.

sion au recrutement des soldats de la force publique, dont Coquilhat avait été l'initiateur. Peu après, il explora les rives de l'Itimbiri et parvint à organiser l'autorité de l'État indépendant sur les deux rives du Congo, de l'Itimbiri jusqu'au confluent de l'Oubanghi. Ce fut Baerts qui reprit sa succession en 1889, au moment où il revint en congé en Belgique.

Van Kerckhoven repartit en 1890 pour le Congo, avec le titre d'inspecteur d'État. A ce moment il avait déjà le grade de capitaine-commandant. Il avait reçu la mission de purger la région du nord de l'État des bandes d'esclavagistes qui la pillaient. Le commandant s'avança à travers ces pays avec un grand courage et une rapidité étonnante. En avril 1892, il arrivait dans le pays des Momboutous. Il parvint avec l'aide des grands chefs indigènes, Bangasso, Rafaï et Semio, à gagner le cœur du district de l'Arouwimi-Ouellé et à créer toute une série de postes d'arrêt sur l'Ouellé, avec un grand poste à Amadis, situé sur ce cours d'eau.

Malheureusement on apprit un jour la nouvelle de la mort de ce brave officier, survenue, paraît-il, par accident dans un combat contre les Arabes.

Il tirait sur eux avec un *Winchester-express*, lorsque, s'apercevant que cette arme « crachait », il la passa à son boy qui se tenait derrière lui, selon l'usage, avec plusieurs fusils de rechange. Le petit serviteur crut que son maître lui remettait son arme pour la recharger, tandis qu'il en désirait une autre. Le fusil contenait encore plusieurs cartouches. Le boy le mania imprudemment. Un coup partit. La balle alla blesser mortellement le capitaine Van Kerckhoven, un des plus vaillants parmi les officiers qui ont consacré leur vie à l'œuvre de l'État Indépendant. Son nom doit être rapproché de ceux des Hanssens, des Vandevelde, des Coquilhat, des Van Gèle et de tant d'autres qui ont su prouver, là-bas, tout ce qu'il y a de courage et de dévouement dans le tempérament du soldat belge.

Le commandant Ponthier. — Un des principaux faits d'armes qui ont marqué ces opérations, est la défaite infligée aux Arabes par Dhaenen et Ponthier, sur le Bomokandi, où ils avaient installé un camp.

Le lieutenant-commandant Pierre-Joseph Ponthier est né à Marche, le 4 mai 1858. Il était lieutenant au 13ᵉ de ligne lorsqu'il partit pour la première fois au Congo, le 15 mars 1887. Durant son premier terme de service à l'État indépendant, Ponthier fit partie de l'expédition qui établit le camp de Basoko, sur l'Aruwimi, créé pour faire obstacle aux incursions des esclavagistes. Il fonda lui-même les postes d'Isanghi et de Yambinga.

Les Arabes virent de très mauvais œil l'établissement de ce camp. Ils se livrèrent à cet égard à des démonstrations significatives. Sélim, l'un des lieutenants de Tippo-Tip, descendit même le fleuve à la tête d'une flottille de pirogues qui portait plus de 2,000 combattants. Mais l'attitude crâne et ferme du lieutenant Ponthier les décida à la retraite.

Rentré en Europe le 3 mars 1890, Ponthier s'embarqua de nouveau le 10 août de la même année. Il accompagnait cette fois en qualité de second le commandant Van Kerckhoven, chargé de diriger cette importante expédition sur le Haut-Ouellé.

Ponthier prit le commandement de l'avant-garde. C'est lui qui rencontra et tailla en pièces, sur les bords du Bomokandi, un parti comprenant plus de 2,000 Arabes et lui enleva 1800 esclaves, qui furent libérés. Cette victoire enraya définitivement de ce côté les incursions des esclavagistes.

Il poursuivit bravement, héroïquement sa marche, ouvrant les voies au gros de l'expédition jusqu'au moment où, blessé au pied par des piquets empoisonnés dont était hérissé le lit des rivières, il fut contraint de rentrer en Europe.

Nous le retrouverons plus loin accourant au secours du commandant Dhanis, dans la campagne du Manyéma, où il trouva une mort aussi glorieuse que regrettable. (P. 30.)

CHAPITRE II.

Campagne du commandant Dhanis dans le Manyéma.

§ I. Les premiers engagements.

FRANCIS DHANIS naquit à Londres le 11 mars 1862, mais d'une famille anversoise qui le ramena en Belgique. Il était sous-lieutenant au régiment des grenadiers lorsqu'il partit la première fois de Bruxelles pour le Congo, le 10 octobre 1884.

Il fut adjoint alors à la cinquième expédition de l'Association internationale africaine à la côte orientale, sous le commandement du lieutenant Becker. Cette expédition ayant été rappelée peu de temps après son arrivée à Zanzibar, et son personnel ayant été licencié, Dhanis, qui comptait poursuivre sa carrière africaine, entra dans les bureaux du gouvernement central de l'État indépendant.

Le 23 mars 1886, il s'embarquait pour le Congo et était tout d'abord désigné pour le district de Bangala; puis, des instructions venant d'Europe pour la création du camp de Basoko, Dhanis fut attaché à l'expédition; il quitta Bangala, le 25 octobre 1888, à la tête de l'avant-garde, et alla jeter les bases du premier camp retranché de Basoko, au confluent du Congo et de l'Aruwimi.

Son terme de service étant terminé, il rentre ensuite en Europe, pour repartir chargé par le gouvernement central de l'occupation des territoires du Kwango oriental, et de la création d'un nouveau district de l'État dans cette région. Il fonde le poste de Popocabaca, chef-lieu du district, explore le bassin oriental de la rivière et en prend possession au nom du Roi-Souverain.

Cette œuvre importante ayant été achevée avec un plein succès, et Paul Le Marinel, fondateur et commandant du camp retranché du Sankuru, rentrant en Europe, Dhanis est appelé à le remplacer et il quitte Popocabaca pour Lusambo.

Ceci se passait au mois de mars 1892.

Depuis la soumission de Tippo-Tip à l'État, en 1886, les chefs arabes avaient observé une attitude pacifique, mais en développant leur occupation du pays en amont des Falls. Cependant, quelques-uns d'entre eux, plus indépendants que le résident de cette station, poussaient des incursions dans les bassins, quasi inconnus encore à ce moment, du haut Lomami et du haut Aruwimi jusqu'à l'Uellé. On avait même signalé l'arrivée de quelques bandes aux sources du Lopori et de la Mongalla.

Perfidie des Arabes. Massacre de Lippens et d'Hodister. — L'occupation arabe faisait tache d'huile, et l'influence des sultans des Falls et de Nyangwé devenait de plus en plus grande sur les principaux chefs indigènes du Lualaba et du haut Lomami, qui étaient devenus leurs vassaux et leurs alliés. Cependant, nul acte d'hostilité n'avait été posé par aucun d'eux dans ces régions, où l'État n'avait, du reste, d'autre agent que le résident de Kassongo, le *lieutenant Lippens*, ayant pour adjoint le *sous-officier Debruyn*. Plus à l'est, au delà du Manyéma, l'expédition antiesclavagiste du *capitaine Jacques* arrivait à Rumbi, sur le lac Tanganika.

Combien de temps une semblable situation, d'apparence trompeuse, mais en réalité fort tendue, pouvait-elle encore se prolonger ?

Le premier contact entre les forces des deux influences qui se disputaient le haut Congo et le Manyéma eut lieu sur l'Ouellé, le 27 octobre 1891, jour où le *capitaine Ponthier* anéantit un parti arabe, au confluent du Bomokandi.

Le second se fit à Mtowa, le 9 avril suivant, entre les Arabes de Rumaliza et les troupes antiesclavagistes, qui furent bloquées dans Albertville, sur le Tanganika.

Le troisième fut provoqué par la révolte du puissant chef indigène Gongo Lutété, se déclarant vassal de *Sefu, fils de Tippo-Tip*, le sultan de Kassongo, contre Dhanis, qui marcha au-devant de lui et le battit dans deux rencontres, les 6 et 9 mai 1892.

Désormais, plus rien ne saurait empêcher les événements de se produire, et c'est ici que se placent chronologiquement les drames sanglants de Riba-Riba, de Kibongé et du Lomami : **Hodister** et ses compagnons tombent le 15 mai sous les balles des Arabes de Nséréra ; **Emin** est assassiné vers le 20 octobre à l'instigation de *Munyé-Moharra* ; le lieutenant **Lippens**, résident de Kassongo, et son adjoint **Debruyn** sont arrêtés par Sefu, qui ne va pas tarder à les faire mettre à mort ([1]).

Peu s'en fallut que les membres de l'expédition de découvertes, dirigée par *Alex. Delcommune*, ne fussent pris dans la conflagration générale. Si, au confluent de la Lukuga, ils n'avaient pas, au mois de novembre 1892, abandonné l'exploration du Congo (Lualaba) vers le nord, pour se diriger vers l'est, il est fort probable que la révolte arabe eût compté quatre victimes belges de plus.

Dès lors, la lutte est ouvertement déclarée. Aux Falls, Rachid feint encore un semblant de respect et de soumission envers le représentant de l'État, mais partout ailleurs, depuis Kibongé jusqu'à Nyangwé et Kassongo, sur le Lomami et le Lualaba, la révolte est générale.

Organisation de la défense. — Heureusement depuis six ans, c'est-à-dire depuis la première affaire des Falls (août 1886), la situation de l'État s'est singulièrement améliorée. Un travail énorme, un effort gigantesque ont été réalisés. Ce ne sont plus deux ou trois petits postes isolés, dirigés par quelques officiers sans troupes, auxquels les Arabes vont avoir affaire.

Les deux *camps de Basoko et de Lusambo* sont armés, approvisionnés de munitions ; Chaltin commande le premier, Dhanis le second ; aux Falls mêmes, le résident Tobback s'appuie sur une troupe capable de résister à une première attaque. La force publique de l'État se compose de soldats bien armés, aguerris ; enfin, sur le réseau fluvial qui relie les deux camps avancés et les Falls au Stanley-Pool, navigue maintenant toute une flottille de vapeurs appartenant à l'État ou à la Société belge du haut Congo, et prêts au transport éventuel des renforts et des munitions.

A Bruxelles et à Boma, toutes les dispositions ont été prises

---

1. Voir pages 66 et suiv. quelques détails sur ces massacres.

Le lieutenant baron Francis Dhanis, né à Londres, le 11 mars 1862, le vainqueur des Arabes. (V. p. 16.)

Le commandant Pierre-Joseph Ponthier, né à Marche, le 4 mai 1858, mort au Congo en 1893. (V. p. 14.)

en vue d'une lutte qui doit être décisive. Depuis le 9 août, M. l'inspecteur Fivé a été investi, par le gouverneur-général Wahis, de la direction générale des opérations en arrière de la ligne de combat : il importait au plus haut point, en effet, que les deux bases d'opérations de Basoko et de Lusambo fussent reliées entre elles par un service rapide d'informations, et qu'à un moment donné, l'un des deux camps pût combiner son action avec celle de l'autre camp, et éventuellement, chacun se prêter le mutuel appui de ses forces.

§ II. Campagne contre Séfu et Moharra, sultans de Nyangwé et de Kassongo.

C'est au sud que l'action s'engagea par la marche de *Séfu*, sultan de Kassongo, vers Gongo Lutété, qui, à la suite de ses défaites, avait fait sa soumission à Dhanis. Celui-ci avait, de plus, rallié à sa cause deux autres chefs puissants de la contrée, *Panio Matumbo* et *Lupungu*. Il était précisément chez ce dernier, lorsque lui parvint la nouvelle de l'arrivée de Séfu sur le Lomami, à la tête de forces imposantes. Il appelle aussitôt à lui toutes ses réserves et ses alliés, et, avec le lieutenant Michaux, se porte à la rencontre du fils de Tippo-Tip. Les troupes de celui-ci sont battues les 22 et 23 novembre 1892, et refoulées au delà de la rivière.

Les combats se succèdent en même temps que la marche en avant se poursuit. Les lieutenants *de Wouters*, *Scherlinck* et *Cassart* — ce dernier revenant de l'exploration du Katanga avec Delcommune — ont rejoint l'expédition. A Goi Capoca, une nouvelle rencontre a lieu le 30 décembre. Séfu, auquel s'est joint *Munié Moharra*, subit une nouvelle déroute dans laquelle ce dernier perd la vie. La route du Lualaba est ouverte ; Dhanis campe, le 21 janvier 1893, sur la rive gauche du fleuve, en face de Nyangwé, où se concentrent toutes les bandes arabes sous le commandement de Séfu, de Pembé, fils de Munié, et de Nséréra, chef de Riba-Riba.

Le 25 février, ceux-ci tentent un nouvel et suprême effort, toutes leurs forces réunies, pour arrêter la marche victorieuse des troupes de l'État et empêcher le passage de la rivière. Vain espoir ! Ils subissent une nouvelle défaite à la suite de laquelle

Dhanis résolut de franchir le Congo et de surprendre Nyangwé.

Nyangwé est une grande ville, qui s'étend sur la rive droite du Lualaba, de telle sorte que l'expédition Dhanis devait traverser le fleuve pour l'attaquer.

Or, le Lualaba a près de 1000 mètres de largeur; mais ce qui rendait la situation des Arabes presque inexpugnable, c'est qu'il était presque impossible à l'expédition de se procurer des pirogues, l'ennemi ayant eu soin d'accaparer toutes les embarcations, pour empêcher la traversée du fleuve.

En outre, les Arabes, qui, dans ces derniers temps, par suite de leurs fréquentes collisions avec les Européens, ont fait de grands progrès dans l'art de se défendre, avaient élevé des tranchées au pied de la ville, du côté de la rive droite du Lualaba, tandis qu'ils défendaient la rive gauche par des feux de tirailleurs.

Ainsi protégés, les Arabes se croyaient à ce point invincibles, qu'ils eurent, à plus d'une reprise, l'audace de passer le fleuve en amont de Nyangwé, et essayèrent même de prendre l'offensive par détachements isolés.

Un jour, ils tentèrent une attaque, avec toutes leurs forces, contre les assiégeants européens. Dhanis leur opposa toutes ses troupes qu'il avait divisées en deux colonnes, plaçant à l'arrière-garde un corps de réserve assez important, chargé d'intervenir *in extremis*, au cas où les Arabes auraient le dessus.

La bataille dura plusieurs heures. Enfin les Arabes furent contraints de plier et repassèrent le fleuve dans le plus grand désordre, en laissant plus de cent cinquante morts sur la rive droite du Lualaba.

A partir de ce jour, les Arabes n'osèrent plus sortir de Nyangwé pour prendre l'offensive. Ils furent virtuellement assiégés.

Le bombardement. — Très ébranlés dans leur confiance, ils se montrèrent tout à fait démoralisés lorsque Dhanis eut commencé le bombardement de Nyangwé.

Le commandant avait chargé le lieutenant de Wouters

d'Oplinter de diriger les feux de l'artillerie. On ne peut, paraît-il, s'imaginer l'émotion que produisirent parmi les Arabes et la population des villages indigènes, la vue des premières trajectoires décrites par les obus et le bruit de leurs détonations.

Ce fut, les premiers jours, une véritable panique.

Les Arabes s'efforcèrent d'abord de tranquilliser les indigènes en leur racontant que les obus étaient des choses anodines et sans portée; mais bientôt ils furent eux-mêmes gagnés par la peur, eux qui connaissaient déjà la fusillade, mais qui n'étaient pas encore complètement initiés à la puissance de l'artillerie d'aujourd'hui.

Dans le camp de Dhanis on se rendit parfaitement compte de l'effet produit sur les Arabes, car les indigènes venaient dire aux Européens : « Cessez le feu le plus tôt possible. Vous allez tout détruire, tout brûler chez nous; et pourquoi, puisqu'il est certain que vous serez vainqueurs ? »

Les indigènes les mieux disposés envers les Arabes venaient même faire des offres de soumission à l'expédition Dhanis, ce qui prouvait bien qu'ils considéraient le sort de Nyangwé comme perdu.

Dhanis en profita pour dicter des conditions aux indigènes et les amener à lui fournir 120 pirogues qui devaient l'aider à franchir le Lualaba et à pénétrer dans Nyangwé.

Les négociations avaient lieu chaque nuit entre des indigènes, qui traversaient secrètement le fleuve à la nage, et les chefs de l'expédition Dhanis qui les attendaient.

On finit par prendre date; il fut convenu que les indigènes livreraient des embarcations à l'expédition belge, la nuit du 3 au 4 mars, avant l'aube.

Il y avait plus de six semaines, constatons-le ici, que Dhanis se trouvait devant Nyangwé.

La prise de Nyangwé. — Au jour dit, les indigènes tinrent leurs promesses, et au milieu du silence, pendant le sommeil des Arabes, franchirent le Lualaba et fournirent aux troupes de Dhanis au delà d'une centaine de pirogues.

L'expédition s'embarqua aussitôt, et en faisant le moins de

bruit possible, traversa le Lualaba et se trouva enfin au pied de la ville de Nyangwé.

L'aube allait poindre.

Sans un instant de retard, les troupes de Dhanis s'élancèrent sur les ouvrages de défense de l'ennemi, qui n'eut pas le temps de se rendre compte de ce qui se passait.

S'éveillant sous une pluie de feu, les Arabes furent pris d'une telle panique, qu'ils se précipitèrent hors de la ville, sans même se défendre, jetant leurs armes, poussant des cris terribles, au milieu d'un indescriptible sauve-qui-peut.

La victoire des forces de l'État était complète. Il n'était pas encore midi que Dhanis avait déjà établi son quartier général dans la demeure même de Munié Moharra, le chef arabe.

Voici les noms des officiers belges qui ont coopéré avec Dhanis à cette série de beaux faits d'armes:

Le lieutenant d'artillerie chevalier *de Wouters d'Oplinter*, dont nous avons parlé; le lieutenant de cavalerie *Michaux*, le lieutenant d'infanterie *Scherlinck*, le lieutenant d'infanterie *Duchêne*, le sous-lieutenant *Cassart*, qui avait fait partie de l'expédition Bia-Franqui; les sous-officiers *Cerckel* et *Prégaldino*, auxquels il faut ajouter le nom du docteur anglais *Hinde*, qui accompagnait l'expédition à ses débuts.

Les soldats indigènes ont fait preuve de la discipline et du courage les plus remarquables.

Prise de Kassongo. — Sur ces entrefaites, le commandant de l'expédition apprit que les débris des forces arabes avaient dû se réfugier à Kassongo, place située à deux jours de marche de Nyangwé.

En effet, le 10 avril 1893, Bwana-Zige et Pioma-Lenga, Arabes influents retirés à Kassongo, firent parvenir à Dhanis des propositions de soumission, promettant de se détacher de Séfu, qui continuait la guerre.

C'était une feinte destinée à tromper le commandant des troupes de l'État. Aussi, le 17 avril, Dhanis résolut de marcher sur Kassongo. Il ordonna à une colonne, commandée par le capitaine *Gillain*, de protéger le passage de la Kunda.

Gongo-Lutété, ainsi que Sanbua et Dengu, chefs alliés, passèrent la rivière avec tous leurs gens. Le 18, Dhanis, Scherlinck, le docteur Hinde et le sous-lieutenant Cerckel, avec un canon, 6 sous-officiers blancs, 300 soldats réguliers et 3000 auxiliaires, se portaient à leur tour en avant. M. de Wouters avec le sergent Collet et 100 hommes gardaient Nyangwé.

Le 22 avril, à 9 heures 30 du matin, les colonnes Dhanis et Gillain arrivent devant Kassongo avec leurs auxiliaires. A 10 heures et quart commence l'attaque.

Kassongo était mis en parfait état de défense. A l'intérieur de la ville, les maisons étaient crénelées et un cordon de forts avancés et de tranchées défendaient les abords de la cité.

Différentes colonnes d'attaque sont formées et se lancent à l'assaut. Après une terrible fusillade, la panique s'empare des Arabes. Ils fuient en désordre. Les auxiliaires indigènes en font un terrible massacre. Un grand nombre se noient au passage de la rivière Musokoï.

La ville et ses immenses richesses tombent entre les mains de Dhanis.

Les journées des 22 et 23 se passent à poursuivre les fuyards. Le butin est énorme ; citons : 3 tonnes d'ivoire, 35 bœufs, 15 ânes, des monceaux de marchandises de tout genre, des bijoux, 1000 kilogrammes de poudre, 20 fusils à répétition, le journal d'Emin-Pacha, de nombreux prisonniers, de grandes plantations de riz, café, citronniers, orangers, sorgho, etc.

Dhanis s'occupa aussitôt d'organiser les territoires conquis.

Nyangwé fut relevé de ses cendres et fortifié. Les défenses de Kassongo furent encore perfectionnées et toutes les dispositions prises pour entrer en rapport avec Ponthier au nord et Jacques à l'est.

Résultats. — Ainsi, en moins de cinq mois de campagne, Dhanis avait livré plus de dix combats victorieux, tué Munié Moharra, le sultan de Nyangwé, mis cinq ou six fois Séfu en complète déroute et gagné la soumission de plus de vingt-cinq chefs indigènes.

Il occupait maintenant Nyangwé et Kassongo, les clefs du Manyéma, et avait à sa disposition une petite armée commandée par dix blancs, forte de 300 soldats réguliers et d'environ 5,000 guerriers auxiliaires. De Lusambo et des Falls, des renforts lui étaient annoncés qui allaient lui permettre de poursuivre avant peu sa campagne victorieuse.

Révolte de Rachid, sultan des Falls. — Tandis que Dhanis établissait solidement son camp à Kassongo et mettait à profit ses succès et la déroute complète de Séfu et de Nséréra, pour organiser militairement les forces auxiliaires que lui amenaient les chefs indigènes, et qui chaque jour croissaient en nombre, éclatait aux Falls la rébellion de Rachid (13 mai 1893).

Pendant cinq jours, le capitaine *Tobback*, secondé par son adjoint le sous-lieutenant *Van Lindt*, résista aux attaques du vali, mais déjà il prenait ses dispositions pour battre en retraite devant le nombre croissant de ses adversaires, lorsque le 18, l'arrivée du lieutenant *Chaltin*, commandant de Basoko, accompagné du lieutenant *de Bock* et de M. *Mohun*, consul des États-Unis, vint changer la face du combat.

En quelques heures la partie était gagnée. Les hommes de Rachid se débandaient : 1500 d'entre eux tombaient entre les mains des vainqueurs ; seuls leur chef et quelques fidèles parvenaient à s'échapper vers Kibongé.

Quelques jours après cet heureux événement arrivait le capitaine *Ponthier*, que précisément le gouvernement envoyait aux Falls pour y renforcer l'autorité de l'État, puis rejoindre Dhanis en vue d'une action commune dans le Manyéma.

Dès le 28 juin, Ponthier quitte la station avec les lieutenants *Lothaire* et *Hanquet*, à la poursuite de l'ennemi, qu'il rejoint et défait dans sept rencontres successives : à Kewé, Bamanga, Kirundu, Kima-Kima, Soke-Soke, Sua-Nionga et Utia-Motungu.

Il lui fait 8,000 prisonniers, parmi lesquels vingt-cinq chefs. Rachid parvient encore, il est vrai, à s'échapper, mais ce ne sera que pour être forcé de faire plus tard sa soumission à l'État et se constituer prisonnier.

La région des Falls, comme celle du Lomami et de Nyangwé, étant dès lors débarrassée des Arabes, Ponthier, conformément aux instructions reçues, remonte le Congo, arrive sans encombre à Nyangwé et, le 25 septembre, rejoint Dhanis à Kassongo.

§ III. — Campagne contre Rumaliza, sultan d'Ujiji.

Rumaliza. — Depuis le jour de l'occupation de Kassongo, le 22 avril, Dhanis, qui, pour entrer dans le Manyéma, attendait les renforts demandés, s'était solidement établi et avait organisé et discipliné ses forces auxiliaires, mais n'avait pas encore, faute de monde suffisant, pu poursuivre ses succès vers l'est.

La nouvelle de la marche et de l'arrivée prochaine de Rumaliza, qui lui parvint à la fin du mois d'août, lui démontra bientôt combien il avait sagement agi en ne s'aventurant pas à la légère.

L'entrée en scène du sultan d'Ujiji était, en effet, un événement d'une réelle gravité. Parti du lac Tanganika à la tête de 3000 soldats bien armés, ayant probablement rallié sur son chemin les débris des bandes de Séfu, de Nséréra et de Pembé, agissant sur un terrain dont ses congénères étaient les maîtres incontestés depuis trente ans, Rumaliza se présentait comme un adversaire redoutable.

Il le fut, en effet, et il ne fallut pas moins de trois mois de temps, du 15 octobre 1893 au 14 janvier 1894, et trois séries de sanglants combats, pour que la petite armée de Dhanis, renforcée par l'arrivée de nouveaux contingents de troupes, réussisse finalement à avoir raison du puissant chef arabe.

La première série de combats eut lieu sur les bords de la Luama, les 15, 16, 17, 18 et 19 octobre. Dhanis et Ponthier ayant sous leurs ordres le capitaine *Doorme*, les lieutenants *Hambursin* et *Lange* (venus de Lusambo), s'étaient portés au devant de Rumaliza avec 350 réguliers, 600 auxiliaires et un canon. Ils le trouvaient solidement retranché au bord de la rivière à quelques lieues de Kassongo.

C'est en vain que des prodiges de valeur sont déployés pour enlever les bomas arabes ; c'est en vain que Ponthier, continuant à faire preuve de la plus impétueuse bravoure, donne sa vie pour obtenir la victoire : le résultat de ces cinq jours de combat reste indécis.

Il en fut de même de la bataille sanglante livrée à Ogella, le 17 novembre, où, lors de l'attaque des palissades ennemies, tomba le jeune et vaillant lieutenant *de Heusch ;* mais Séfu, qui, dix-huit mois auparavant, avait ouvert la campagne contre l'État, fut trouvé ce jour-là sur le champ de bataille parmi les morts.

Un instant l'on put croire que Rumaliza qui, à la suite de ces attaques renouvelées, avait battu en retraite au delà de la rivière Lulundi, allait abandonner la campagne : il n'en était rien ; le chef arabe reprit l'offensive et repassa cette rivière.

Heureusement, de nouveaux renforts, demandés de toutes parts, arrivèrent comme providentiellement.

Au secours de Dhanis. La relation suivante d'un officier des Falls nous donne d'intéressants détails sur la campagne entreprise contre Rumaliza (1).

« Nous avons quitté les Falls en pirogue le 31 octobre pour arriver à Kibongé le 7 novembre 1893. A peine y étions-nous de trois jours, qu'un courrier du commandant Dhanis nous parvint, annonçant les événements de Kassongo et demandant des secours en hommes, munitions et artillerie. Cette lettre nous fut remise au moment où nous nous disposions à déjeuner. Vous jugez qu'elle nous coupa net l'appétit.

« Il fut décidé sur-le-champ que l'un de mes camarades et moi nous partirions avec 164 soldats, 2 canons Krupp sur affûts et d'amples munitions. Les préparatifs furent immédiatement commencés, et le lendemain, 12 novembre, une flottille de 11 pirogues emportait notre petite troupe.

« Le voyage fut long et incidenté. Nous essuyâmes tornade sur tornade, mais nous avancions contre vent et marée, sans nous arrêter un seul instant, même la nuit, de peur de perdre du temps. C'est non sans peine que nous obtînmes en cours de route les pagayeurs nécessaires, la plupart des villages craignant un retour offensif des Arabes, et ne se souciant pas d'encourir leur vengeance si nous venions à avoir le dessous dans la lutte engagée. Après 16 jours de navigation du diable, nous

---

1. *Lettre* d'un officier d'Afrique (le commandant Chaltin), publiée par *L'Étoile Belge.*

arrivâmes en face du port de Gambwé, le 29 novembre vers trois heures du matin.

« Kassongo se trouve établi à trois bonnes heures du port de Gambwé. Pour y arriver on n'a d'autre moyen de locomotion que ses jambes. Nous étions exténués de fatigue par les veilles et l'inquiétude. Heureusement, le commandant Dhanis, prévenu dès l'aube par un message que j'avais eu soin de lui adresser, envoya à notre rencontre un âne sur le dos duquel nous fîmes la plus grande partie du trajet.

« Vous ne sauriez vous figurer la joie du commandant Dhanis en nous voyant. C'est le verre de champagne en main que nous fraternisâmes ; elle est rare cependant ici cette boisson. C'était, je crois, le dernier flacon de la cave portative du commandant en chef.

« Les renforts que nous lui amenions ne lui paraissant pas suffisants pour reprendre l'offensive, M. Dhanis décida d'attendre l'arrivée de nouvelles troupes de secours. Celles-ci arrivèrent avec une désespérante lenteur, ce qui s'explique par la distance énorme qui sépare Kassongo de Bangala, Basoko, Lusambo et Luluabourg, d'où elles devaient venir.

En marche contre Rumaliza. « Les blancs réunis au commencement de décembre à Kassongo et aux environs, sous les ordres du commandant Dhanis, étaient les suivants : *Gillain*, *Rom*, *Augustin*, D*r* *Hinde*, le sous-lieutenant *Van Lindt*, le sergent *Collet*, de *Wouters*, *Hambursin*, *Doorme* et le sous-lieutenant *Middagh*.

« Le capitaine *Colignon*, le lieutenant *Franken* et le sergent *Destrail*, venant de Lusambo avec des munitions pour fusils rayés, de la poudre et quelques ballots de tissus, ne tardèrent pas à nous rejoindre.

« Les 24 et 25 décembre, les blancs allèrent s'établir chacun aux endroits les plus favorables et les plus rapprochés possible des bomas ou forts construits par Rumaliza.

« Le capitaine Gillain, Rom, Colignon, Augustin et Van Lindt se dirigèrent vers le nord-est avec 120 soldats de l'État et 154 hommes de troupes auxiliaires, gens de Gongo-Lutété. Quant aux indigènes de la région du Manyéma, où nous opérions, ils tenaient pour Rumaliza. Après quatre jours de marche, nous arrivions au village des Bena Gouïa, dont les habitants avaient pris soin d'incendier toutes les cases avant de l'abandonner.

« Le capitaine de Wouters, Hambursin, Doorme, Collet et Destrail, emmenant un Krupp, étaient partis vers le sud-est, pour s'établir en face d'un petit boma situé non loin du grand boma de Rumaliza.

« Le lieutenant Lange se trouvait avec M. Van Riet, une centaine de soldats et un canon, de l'autre côté de la rivière Lulindi.

« Les trois bomas de Rumaliza étaient établis l'un près de l'autre en pleine forêt, dans de petites clairières d'un accès extrêmement difficile.

« Rumaliza est, vous le savez, un Arabe blanc, très redouté dans la contrée. C'est lui qui a tenu le capitaine Jacques en échec sur le Tanganika. Les Allemands lui ont fait la guerre pendant près de deux ans, mais la famine seule et les maladies l'ont obligé à battre en retraite devant eux. La prise de Kassongo par Dhanis l'a décidé à marcher contre les troupes de l'État. Ses hordes ont rencontré nos soldats de l'autre côté de la Lulindi. Rumaliza a par deux fois attaqué le camp, mais il a été repoussé en essuyant des pertes sensibles, malheureusement compensées par la mort du commandant Ponthier.

Mort du commandant Ponthier. — Ce brave officier était venu pour la troisième fois en Afrique. A peine rétabli de ses blessures, reçues sur le Bomokandi, on lui confia, en mars 1893, la difficile mission de rétablir l'autorité de l'État dans le district des Stanley-Falls. (P. 13.)

Il marcha tout d'abord sur Kibongé, où s'étaient retirés les Arabes dont Tobback et Chaltin avaient repoussé l'attaque aux Falls. Il s'empara de Kibongé et poursuivit jusque dans leur retraite, sur les bords de la Lowa, la formidable armée composée des débris des bandes de Séfu, Munié-Moharra et Kibongé. Sa victoire anéantit la puissance des esclavagistes dans la région du Lualaba inférieur.

Au cours de sa poursuite, Ponthier fournit cette incroyable

marche de 54 lieues en huit jours, qui tient du prodige sous un climat équatorial, mais qui lui permit de s'emparer de 28 chefs, 1,000 fusils et 8,000 prisonniers.

Sa mort a été déterminée par un accident vraiment déplorable. Le brillant jeune officier n'a pas été tué comme on le pensait, par une balle arabe, mais par le coup de fusil maladroit d'un des nôtres.

Lors de l'attaque de Rumaliza contre le camp de Kassongo, Ponthier s'élança, paraît-il, seul à la tête de ses forces qu'il précédait de plusieurs mètres. C'est alors qu'il a été atteint par une balle venant de derrière et tirée malencontreusement par un de ses soldats qui visait les Arabes. D'où le bruit un instant répandu, d'après lequel les forces de Dhanis auraient été prises entre deux feux, c'est-à-dire entre les feux de Rumaliza et leurs propres troupes qu'on disait révoltées. La vérité se trouve ainsi rétablie.

En somme l'avantage est resté à nos troupes. Il est vrai que le combat avait eu lieu en plaine, et que dans ces conditions les Arabes ne sauraient tenir contre nos armes rayées, bien qu'eux aussi disposent de nombreux fusils perfectionnés, achetés aux négociants anglais et allemands établis à la côte. Pour emporter de vive force un boma, le secours de l'artillerie est indispensable. Le commandant Dhanis n'a pas voulu épuiser son infanterie en vaines tentatives, et c'est pourquoi il a attendu l'arrivée des canons et des renforts réquisitionnés de tous côtés.

Telle était donc la situation au moment de l'arrivée des blancs.

Une reconnaissance meurtrière. — « Le 28 décembre, a eu lieu une première attaque du boma habité par Rumaliza et d'autres chefs arabes. Le commandant Gillain, les lieutenants Rom et Augustin quittèrent le camp de Bena Gouïa vers 8 heures du matin pour reconnaître exactement la position du boma. Après une heure et demie de marche lente à travers la forêt épaisse et marécageuse, ils arrivèrent près du fort. Mais un indigène, perché probablement sur un arbre, aperçut la colonne et sonna aussitôt de la trompe pour donner l'alarme.

Nos soldats n'en continuèrent pas moins à avancer ; au bout de dix minutes, ils débouchaient dans une clairière et distinguaient à une distance de cent cinquante à deux cents mètres une palissade surmontée d'une rangée de sticks : c'était le boma ennemi. A l'un des sticks flottait un drapeau arabe rouge et blanc. Il régnait dans le fort un silence de mort.

« Nos soldats se déployèrent en tirailleurs et dirigèrent contre le fort plusieurs feux de salve auxquels les Arabes répondirent par une fusillade des plus vives. Le combat dura une vingtaine de minutes au bout desquelles le capitaine Gillain ordonna la retraite. Cette affaire nous coûta 3 tués et 14 blessés sur 110 hommes, — ce qui prouve que la guerre arabe n'est pas aussi anodine que certains le disent.

« Le lendemain, nous envoyâmes une patrouille en reconnaissance qui nous apprit qu'il y avait eu une vingtaine d'Arabes de tués.

Moyens d'action. — « Le commandant Dhanis disposait de 700 fusils rayés et de 3 canons Krupp; il devait agir avec la plus grande prudence pour ne pas s'exposer à un échec ; d'autant plus qu'il lui manquait bien des choses. Ah ! s'il avait eu le nécessaire en étoffes, en vivres et en munitions, il aurait pu mener rondement les choses; mais nous étions pauvres ! Le peu que nous avions était distribué en cadeaux aux chefs alliés et aux fidèles serviteurs, sans le concours desquels l'expédition aurait dû renoncer à tout espoir de vaincre.

« Les bomas de Rumaliza étaient très solidement construits dans des bas-fonds. Ils ont la forme d'un plat allongé et profond. La première enceinte ressemble à une sorte de galerie circulaire, percée de meurtrières, par lesquelles les défenseurs du fort dirigent sur l'assaillant un feu plongeant. Derrière et à l'abri de cette galerie sont dressées les huttes d'habitation. Au centre est un second boma, très fortement établi, qui sert d'habitation à Rumaliza lui-même.

« En attendant le jour du combat décisif, impatiemment désiré, nous souffrions — le croiriez-vous ? — du froid et de l'humidité. Le matin, le thermomètre marquait à peine 15 ou 16 degrés. Il montait à 30 ou 32 vers midi pour redescendre graduellement ensuite jusqu'à la nuit. Il pleuvait assez souvent, et nous essuyions de temps en temps une tornade.

Victoire fortuite. — « J'en arrive maintenant à la victoire du 14 janvier 1894, dont le télégraphe vous a sans doute déjà apporté la nouvelle. Ce jour-là les capitaines *Lothaire* et *de Wouters*, les lieutenants Doorme, Rom et Hambursin, le sous-lieutenant Henry et le sergent Collet avec leurs troupes se rencontrèrent à 500 mètres du camp de Rumaliza. On ne pensait pas livrer ce jour-là l'attaque décisive. Chacun était parti en reconnaissance, sans qu'il y eût eu concert préalable entre nous.

« Le capitaine Gillain s'était rendu au-devant du commandant Dhanis à Bena Boissé ; nous n'avions songé qu'à reconnaître une fois de plus les positions ennemies. Or il se trouva que les communications directes, jusqu'ici impossibles, entre nos divers camps purent être établies.

« La concentration toute fortuite de nos forces s'opéra, comme je l'ai dit, à proximité du boma principal de Rumaliza. Nous avions avec nous un canon et douze obus.

« Le commandant Lothaire proposa de lancer quelques obus sur la position ennemie. L'idée fut admise avec joie. Immédiatement les obus furent chargés. On chercha un emplacement favorable pour le canon qui fut bientôt pointé. Comme le guidon du canon manquait, Rom en fabriqua un en bois qui put être utilisé.

Prise du boma de Rumaliza. — « Vers dix heures un premier obus est tiré ; il défonce l'habitation de Rumaliza et, par une chance extraordinaire, en éclatant il communique le feu à la toiture. Le vent, bien que léger, propage l'incendie aux huttes environnantes. Pendant ce temps le commandant *Lothaire* avait lancé les troupes en avant, en ordonnant une fusillade du diable.

« Les gens du boma répondirent d'abord par un feu nourri, mais les boîtes à mitraille lancées par le canon immédiatement après l'obus et la fusillade de nos soldats, eurent raison de leur résistance. Du reste, le boma ne tarda pas à ressembler à un immense brasier. Les Arabes s'enfuirent en désordre par une porte de derrière. Rumaliza, parti le premier sans doute, n'a pu s'échapper dans la forêt qu'à la faveur de l'épaisse fumée dégagée par l'incendie. Nous poursuivîmes les fuyards jusque sur les bords de la Lulindi. L'ennemi subit des pertes considérables. Un millier de ses gens furent tués ou noyés.

« Pendant l'incendie du boma, quantité de barils de poudre sautèrent, ainsi qu'un grand nombre de cartouches pour armes rayées.

« La première enceinte du boma mesurait 200 mètres de profondeur sur 120 à 130 mètres de largeur. Le boma de l'intérieur était occupé par les chefs arabes en personne et leurs meilleurs soldats, armés pour la plupart de fusils rayés Martiny, express et autres. La garde particulière de Rumaliza se composait de 60 guerriers d'élite.

Soumission de Rachid. — « Immédiatement après la victoire, le capitaine Lothaire partit avec de Wouters et Hambursin pour aller faire le blocus du boma de *M'Zé Kondo*, situé à 2 ou 3 kilomètres du boma de Rumaliza et à trois quarts d'heure de marche de deux petits bomas d'avant-garde, commandés par Bwana M'Zé.

« De son côté, en apprenant l'issue du combat engagé par Lothaire, le commandant Gillain quitta Bena-Gouïa pour aller s'établir à *Bena-Songo*, à une faible distance d'un petit boma arabe mesurant environ 100 mètres de long sur 50 de large.

« Le commandant Dhanis avait si bien pris ses dispositions, que les gens de ces deux bomas, bloqués de toutes parts, se trouvaient dans l'impossibilité d'aller faire provision d'eau à la rivière. Aussi, leur chef, Bwana M'Zé, ne tarda-t-il pas à entrer en négociation avec nous. Le lendemain, 16 janvier, il vint nous trouver et nous livra 450 fusils, plus une dizaine de fusils rayés et quantité de haches, barils de poudre et boîtes de capsules.

« Enfin, le 25, la ville de Kabambarré, où le vaincu s'était retiré, se rendait sans coup férir à Lothaire, de Wouters, Hambursin et Doorme, que Dhanis avait chargés de la poursuite de l'ennemi. C'est là que le lieutenant Hambursin reçut la *soumission de Rachid*, qui, depuis neuf mois, errait en fugitif et qui vint se constituer prisonnier avec quelques sous-ordres, à la condition d'avoir la vie sauve.

« La campagne arabe était terminée. Elle avait duré 19 mois. Le Manyéma était au pouvoir des forces de l'État. »

Ruine du parti arabe esclavagiste. — « Quant aux *chefs arabes*, ajoute M. Wauters, qui avaient essayé de résister à l'autorité de l'État, ils avaient disparu : *Muini Moharra*, sultan de Nyangwé, et *Séfu*, sultan de Kassongo, avaient tous deux trouvé la mort sur le champ de bataille ; *Nséréra*, chef de Riba-Riba, et *Kibongé*, chef de Kirundu, jugés par une cour martiale, avaient été passés par les armes ; *Rachid*, sultan des Falls, était prisonnier de Dhanis.

« Seul *Rumaliza*, sultan d'Ujiji, était parvenu à s'échapper. Dans l'impossibilité de regagner sa résidence sur le territoire allemand, où l'attendait le châtiment, il erra dans les régions inconnues du nord, d'où privé de ressources et de moyens de ravitaillement, il ne put tarder à demander merci. En effet, on vient d'apprendre que le fugitif, gagnant par eau le sud du lac Tanganika, s'est constitué prisonnier des Anglais du Nyassaland.

« Quant au vieux *Tippo-Tip*, vali des Falls, l'ami de Livingstone, de Stanley, de Cameron et de Junker, installé à Zanzibar, il contemple, mélancolique et silencieux, la ruine et la disparition de ses enfants et de ses proches, frappés pour n'avoir pas voulu comprendre que là où le drapeau européen apparaît, la chasse à l'homme doit cesser, le meurtre est défendu, le respect du faible s'impose, » et que la tyrannie musulmane doit faire place à la fraternité selon les principes de la charité chrétienne.

Bien que la campagne principale soit ici terminée, il est nécessaire, pour être complet, de reprendre à part les opérations du commandant Chaltin, qui, au début, n'étaient pas mêlées à celles de Dhanis.

CHAPITRE III.

Opérations du capitaine Chaltin dans la région centrale.

SUR LE CONGO. — Tandis que les événements de Nyangwé et de Kassongo se poursuivaient au sud, les officiers de l'État Chaltin et Tobback, chargés de la surveillance au nord et au nord-est de la région arabe, ne restaient pas inactifs.

Nous avons parlé ci-dessus (p. 13) de l'action sur l'Ouellé. Il s'agira ici particulièrement des succès du capitaine Chaltin, qui commandait à Basoko, au confluent de l'Arouhimi et du Congo.

Chaltin avait appris que les Arabes du bas Lomami et ceux de Riba-Riba levaient, eux aussi, l'étendard de la révolte et s'apprêtaient à attaquer les blancs. Il résolut d'agir avec promptitude et embarqua 300 soldats à bord d'un vapeur qui remonta le Lomami, grande rivière navigable, parallèle au Congo supérieur, dont le cours est entravé par les chutes des Stanley-Falls.

Chaltin avait pour objectif Bena Kamba, d'où il se rendrait par terre à Riba-Riba, sur le Congo (¹).

§ I. En route pour Bena Kamba et prise de Tchari.

En marche. — Pour passer la nuit du premier jour de voyage, il fut fait choix d'un point sur la rive droite du village de Liéma-Japoka. C'est un coin de forêt en défrichement. De-ci, de-là, quelques jeunes bananiers, des pousses de manioc et de maïs. La reconnaissance des environs est bien vite faite. Les Bangalas et les Basokos se mettent au travail pendant que les autres soldats préparent les abris pour la nuit. Les sentinelles sont placées. Vers neuf heures du soir, alors que tout le monde se repose, deux coups de feu retentissent, suivis de deux autres.

---

1. Les détails de cet exploit glorieux sont extraits de plusieurs lettres du commandant Chaltin, publiées par *L'Étoile Belge*.

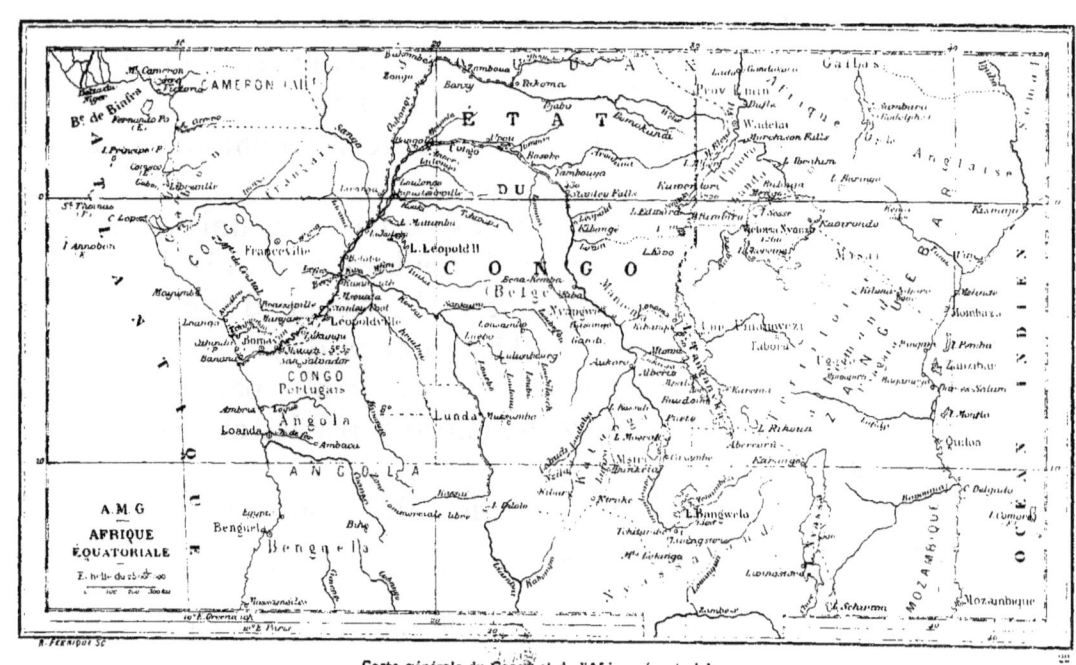

Carte générale du Congo et de l'Afrique équatoriale.

On se précipite vers l'endroit d'où ils sont partis et l'on trouve une sentinelle frappée de deux flèches empoisonnées, l'une à la gorge, l'autre à l'aine. Les flèches retirées aussitôt, de fortes succions sont faites aux plaies et les soins les plus empressés sont donnés au blessé ; mais le terrible poison ne tarde pas à accomplir son œuvre : en moins de cinq minutes, l'homme expirait.

Dans le Lomami, les noirs enduisent la pointe de leurs flèches d'une pâte ayant l'apparence du goudron. On la prépare, dit-on, en pilant de grosses fourmis que l'on fait bouillir dans de l'huile de palme. Ce serait de l'acide formique. Ce poison, dont les effets sont si terribles et si rapides, ressemble au curare des Indes.

Le lendemain, le vapeur s'était à peine remis en mouvement, qu'on aperçut vers l'aval deux pirogues filant à force de pagaies ; elles étaient montées par les agresseurs de la veille. On leur tira quelques coups de fusil.

A midi, le bateau dut stopper pour faire du bois au village de Liéma-Japoka. Des groupes d'indigènes vinrent au-devant de l'expédition pour lui offrir des échanges de marchandises.

Le chef indigène Oliphara s'adressant à Chaltin, lui signala un peu en aval, sur la rive opposée, une route conduisant à un poste arabe peu éloigné, en priant le commandant d'aller attaquer ce poste et en lui offrant de l'accompagner avec ses hommes et de prendre la tête de la colonne, mais le chef de l'expédition ne voulut pas commencer une action contre un chef dont l'hostilité ne lui était pas démontrée.

Sur le Lomami. — « *Le 15 mars 1893*, écrit M. Chaltin, nos canots et allèges étant palissadés, nous nous remettons en route. Notre convoi a un aspect bien original. Les habitants d'un village de la rive gauche, situé immédiatement en aval du coude que forme le Lomami à Yanga, nous saluent au passage. Ils nous hèlent et nous font signe d'arrêter. Un colloque s'engage. Nous apprenons que Yanga a été abandonné depuis plus de cinq mois par les Arabes, qui sont allés s'établir dans l'intérieur, en aval de Liéma.

« Vers midi nous arrivons en vue de ce qui fut Yanga. Les

indigènes ne nous ont pas trompés : le poste a été levé. Avant leur départ, les Arabes ont complètement détruit leurs établissements.

« A quatre heures, nous nous arrêtons dans une plantation de jeunes bananiers. De-ci, de-là quelques misérables abris. Le village se trouve sur le sommet d'un versant très élevé, boisé et à pente raide. A la tombée de la nuit, une volée de flèches s'abat sur notre campement.

« Pas un indice révélant l'endroit où se cachent nos agresseurs ; c'est exaspérant. Notre passivité les enhardit ; pendant la nuit, ils se rapprochent des sentinelles de façon à ne s'en trouver qu'à 5 ou 6 pas. Certains d'entre eux, plus téméraires que les autres, tentent même de franchir un fossé rempli d'eau qui entoure le camp. Les sentinelles tirent, mettent les noirs en fuite et en blessent quelques-uns.

« Vers 10 heures du soir, je choisis une quarantaine d'hommes intelligents et déterminés, et les charge d'aller reconnaître le village. Ils s'acquittent admirablement de leur mission, et m'apportent des renseignements qui me permettront le lendemain de mettre un terme à leurs tentatives belliqueuses.

Le village d'Yanga. — « Le lendemain, à cinq heures du matin, je pars avec 150 hommes pour le village. Les autres soldats, sous le commandement de Dupont et Nahan, sont laissés à la garde du vapeur. La route qui conduit au village traverse dans toute sa longueur un grand fossé rempli d'eau, et se déroule ensuite le long d'un versant escarpé. Elle fait d'innombrables détours à travers des fourrés, des taillis, de hautes herbes, des champs abandonnés, de hautes futaies et des plaines.

« Après une demi-heure de marche accélérée, nous arrivons au village. D'une beauté remarquable, il est immense et, à en juger par son aspect général, doit être très ancien. De belles avenues bien entretenues, d'une largeur de 15 mètres, le divisent en quartiers. Toutes ces avenues sont en ligne droite et se coupent perpendiculairement; elles sont au nombre d'une dizaine et, outre les maisons, encadrent des champs de bananiers. Elles sont bordées de coquettes et solides habitations en bambous et en lamelles de rotang artistement tissées. Entre les rotangs se trouvent de grandes feuilles comprimées ; les toits sont en feuilles de palmier reposant sur de légères mais jolies charpentes. Ces maisons sont distantes l'une de l'autre d'une vingtaine de mètres. Leur disposition est absolument régulière. Sous le rapport de la propreté et de l'entretien, le village est véritablement admirable. A l'intérieur des maisons, dont le sol est en terre argileuse fortement battue, il y a des lits et quelquefois des armoires.

« Les habitants ne sont pas d'une taille élevée ; ils n'ont pas de tatouage. Il est à supposer qu'ils pratiquent le fétichisme. Un affluent du Lomami enceint le village.

Ennemis insaisissables. — « Pendant quatre heures nous avons parcouru l'agglomération et les environs sous une véritable pluie de flèches. Il était assez rare que nous vissions les tireurs. C'était morfondant. Perfidement dissimulés dans des bouquets d'arbres ou des touffes de hautes herbes, derrière les maisons, dans les bananeraies ou les bois, ils nous envoyaient continuellement des volées de flèches et disparaissaient ensuite pour nous tendre une embuscade plus loin. Ils nous ont fait une guerre de guerillas. Ils sont très habiles et surtout très rusés. Ils attaquaient de préférence les hommes isolés ou les groupes peu considérables, évitant soigneusement les grandes masses. Que faire contre un adversaire presque insaisissable ?

« Il n'y a pas eu un seul combat corps à corps. Nous tirions sur les rares archers que nous voyions. Certes, nous en avons blessé un assez grand nombre, mais eu égard à l'importance de la population, le résultat a été minime. A une heure de l'après-dîner, les soldats étaient fatigués, harassés ; ils avaient, du reste, peu dormi la nuit précédente. J'ai fait cesser le combat.

« Un irrégulier et un soldat ont été blessés très légèrement ; grâce aux soins et au dévouement du docteur Dupont, leurs blessures n'ont pas eu de suites mortelles.

« Lorsque nous nous sommes retirés du village, les avenues étaient couvertes de flèches. Les indigènes y avaient planté avant le combat des pointes de bois acérées et enduites de poison.

« Le 17 mars nous partons de bonne heure et nous nous arrêtons à 8 heures pour faire du bois. Le long de la rive droite se trouve une route, probablement le prolongement de celle qui suit la rive depuis plusieurs jours déjà. Des patrouilles vont explorer la région que traverse cette route. Une patrouille qui a passé la nuit dans les bois, a rencontré des bandes d'hommes, de femmes et d'enfants vagabondant et n'ayant ni feu ni lieu. Ces malheureux ont été chassés de chez eux par les Arabes. Ceux-ci ont fait école en matière de destruction. Comme eux, les indigènes abattent les palmiers élaïs pour en enlever le chou. Les misérables rencontrés par les patrouilles n'ont pas d'autre nourriture.

« Le 20 mars, nous tuons un éléphant qui traversait la rivière à la nage. Cela nous permet de donner deux kilogr. de viande à chacun de nos hommes. Dans les forêts de la région située entre Yanga et Bena-Kamba, les éléphants pullulent.

Arrivée à Bena-Kamba. — « Nous arrivons à Bena-Kamba le 28 mars, au matin. Tout est désert. Bena-Kamba, aujourd'hui, n'est plus qu'un souvenir; il a fait place à une vaste solitude, où la luxuriante végétation des tropiques étale ses fouillis de belles mais encombrantes parures.

« Les hautes herbes, les plantes, les arbustes ont tout envahi. Çà et là, quelques papayers en pleine production et quelques bananiers décèlent le tracé des anciennes avenues. Des constructions il ne reste plus que quelques piquets aux trois quarts consumés.

« La rive est élevée et quelque peu escarpée à l'endroit où était construite la station. Celle-ci en couronnait le sommet. Une allée en pente peu raide conduisait à la rivière. Immédiatement en amont de la station se trouvait un village aujourd'hui abandonné. Une crique les séparait. Vis-à-vis de Bena-Kamba, sur la rive droite, s'ouvrent les routes de Riba-Riba et de Nyangwé.

« Que cette région est désolée ! Quelle tristesse l'enveloppe !

« Les Arabes ont abandonné la contrée immédiatement après le pillage des factoreries de Bena-Kamba et de Lhomo (mai 1892). Depuis lors on ne les a plus revus. Avant de partir, ils ont détruit les villages riverains et ruiné le pays pour longtemps.

Marche sur Tchari. — « Il est à remarquer que, jusqu'à une journée de steamer de Yanga, les indigènes combattent avec la lance ; en amont, ils se servent en plus de l'arc et de la flèche. Les armes à feu ne sont employées nulle part *avant Yanga ;* mais à partir d'ici, elles abondent.

« Nous nous arrêtons au village de Lhomo le 30 mars. Nous y recevons l'accueil le plus sympathique, le plus empressé. Je fais l'échange du sang avec le chef. Ces gens ont toute confiance en nous. Ils sont au courant des succès remportés par Dhanis et nous disent que Munié Moharra a été tué.

« Ils nous prient de séjourner ici pendant une couple de jours, afin de leur permettre de convoquer à une grande palabre tous les chefs de la région. J'accède avec empressement à cette demande.

« Les indigènes nous fournissent des vivres. Dans la forêt mes hommes trouvent des ignames, des saphos et des fruits divers.

« En faisant la reconnaissance des environs, je retrouve la dépouille du malheureux **Pierret,** assassiné par les Arabes. J'ai recueilli ses restes pour leur donner une sépulture digne de lui dans le cimetière de Basoko.

« Dans le courant de la journée du 1er avril, les chefs des environs se réunissent en palabre et viennent m'offrir des gens armés d'arcs et de flèches pour marcher contre les Arabes.

« *Le 2 avril, jour de Pâques*, je me mets en route sans attendre les renforts que la Nouvelle-Anvers doit me fournir.

« Nous marchons d'abord sous bois, puis, vers midi, nous entrons dans une vaste plaine herbue. Un épais rideau d'arbres nous sépare du Lomami. A 3 heures, nous nous arrêtons dans une dépendance du village de *Suku*, où nous trouvons l'hospitalité la plus large.

« Le lendemain, 3 avril, départ à 6 heures ; nous quittons la plaine pour entrer dans un bois très peu dense, où les clairières sont immenses et nombreuses. Des fougères très hautes et d'un beau vert tendre y croissent drues. Partout on voit des arbres à saphos. Les hommes font d'amples provisions de ces fruits.

« D'anciens villages abandonnés depuis longtemps — où l'on constate encore des traces d'incendie — étalaient tout le long de la route leur désolant aspect. Il en est de même pour les cultures et les plantations. Ces désolations sont l'œuvre des Arabes, qui ont tout ravagé et tout détruit. Nous traversons pendant plus de dix minutes un fossé rempli d'eau et profond de plus d'un mètre.

« Nous continuons notre route dans d'immenses plaines herbues, entrecoupées de bouquets de bois généralement marécageux, et nous nous arrêtons dans un village peu peuplé, mais où les cultures et les plantations, faites avec un soin remarquable, s'étendent à perte de vue. Il y a là du maïs, du sorgho, du millet, des patates douces, du manioc et des haricots indigènes. On y trouve également du chanvre. Au milieu de tout cela, jetées pêle-mêle, sans ordre aucun, quelques coquettes petites maisons dont les toits de paille en forme de cône se profilent nettement sur le bleu du ciel. Les gens qui les habitent sont des esclaves ; ils travaillent pour leurs maîtres : les Arabes !

Prise du camp arabe de Tchari. — « Le 5 avril, dans l'après-midi, nous arrivons, après une marche pénible dans l'eau et les marais, à une grande plaine marécageuse. Trois villages montrent dans le lointain leurs maisons et leurs cultures. J'arrête la troupe et envoie une quarantaine d'hommes en reconnaissance.

« Arrivés à 300 mètres environ des premières habitations, ces hommes essuyent le feu d'une bande de Tambas-Tambas dissimulés dans les hautes herbes. Ils y répondent, et un combat s'engage. Deux minutes suffisent pour déloger les Arabes, qui battent précipitamment en retraite, laissant deux des leurs sur le terrain. Parmi nos agresseurs, se trouvait un individu coiffé d'un casque (probablement celui de feu M. Pierret) et un autre qui se servait d'un parapluie comme... paraballes !

« Nous campons dans la plaine pendant la nuit ; le gong se fait entendre partout.

« Le 6, nous rompons de très bonne heure et, vu la proximité relative de Tchari, où l'on me signale la présence d'un grand nombre d'Arabes, j'organise un service de sûreté spécial. Notre marche est lente. Elle l'est d'autant plus que la route n'est qu'une succession de marais et de mares.

« A 10 heures, nous débouchons dans une immense plaine après avoir de nouveau passé trois quarts d'heure dans une eau boueuse : quatre Tambas-Tambas envoyés par **Lembé-Lembé, chef de Tchari,** m'attendent et m'offrent trois pointes d'ivoire de la part de leur maître.

« Ils me demandent de ne pas attaquer le camp, et disent Lembé-Lembé disposé à me donner toute satisfaction. Je lui fais dire que ma condition première, essentielle, est de traiter avec lui et non par l'intermédiaire de ses gens.

« Dans l'entre-temps, je fais avancer ma troupe jusqu'à l'entrée du village. Une centaine d'Arabes fuient à mon approche. Lembé-Lembé m'envoie toute une série d'individus porteurs de présents, mais retarde toujours sa visite. Fatigué d'attendre, je lui adresse un ultimatum et lui donne jusqu'à deux heures pour venir me voir. Cette condition n'ayant pas été remplie, j'ordonne de marcher sur le village. L'exécution de cet ordre produit une panique épouvantable ; tout le monde fuit. Le chef avait déjà abandonné le village depuis quelque temps, emportant ses nombreuses femmes et ses richesses. Son départ me rend maître de la place.

« J'estime que la population normale de Tchari est de 5,000 habitants au moins. Elle est actuellement réduite, par suite du départ d'un grand nombre d'hommes pour la région de Nyangwé.

« Le chef du camp, Lembé-Lembé, est, paraît-il, jeune encore, mais il est impotent. Il est incapable de marcher. Ce sont ses Nyamparas qui font la guerre pour lui. Il obéit aveuglément aux ordres de son père, Mopola, qui habite Nyangwé, et qui devait être un des factotums de feu Munié-Moharra.

« Un des assassins du malheureux Pierret, le nommé Kassongo, est tombé entre mes mains ; je l'ai jugé et fait mettre à mort.

« Toutes les armes et toutes les marchandises volées à Lhomo ont été expédiées à Nyangwé. Le chef de Tchari n'aurait eu qu'une faible part du butin.

« En se sauvant, les Arabes ont abandonné une centaine de fusils à piston, que j'ai fait détruire.

« Les indigènes de la région sont de grands cultivateurs. Ils possèdent des chèvres, des moutons et des animaux de basse-cour. Ils haïssent et craignent l'Arabe, qui les a tant fait souffrir.

« Presque tous les chefs sont venus me voir et me faire des présents. Ils savent que Dhanis s'est emparé de Nyangwé et qu'il a tué Munié Moharra. Ils se croient à jamais affranchis du joug de leurs tenaces ennemis et nous saluent comme des libérateurs.

« Vers le 19 avril quelques cas de variole se sont déclarés parmi mes hommes.

« Tchari a été détruit de fond en comble. Je l'ai quitté le 12 à 8 heures du matin et suis arrivé le 14 à Lhomo, après avoir marché à étapes forcées.

« Ce jour est arrivé à Lhomo le vapeur *Ville de Bruxelles* avec un détachement de 125 hommes du camp de l'Équateur, commandé par le lieutenant De Bock et le sergent Lammers.

« Je suis accompagné dans ma marche par M. Mohun, agent consulaire des États-Unis d'Amérique et ancien officier de la marine militaire.

§ II. — Marche du commandant Chaltin sur Riba-Riba.

« Nous partons le 22 avril 1893 de Bena-Kamba pour Riba-Riba.

« Le 23, à l'entrée d'une grande plaine herbue, nous faisons la rencontre d'un groupe d'indigènes qui nous donnent deux guides. Jusqu'à ce moment-là notre marche avait été hésitante, incertaine. Je n'avais que ma boussole pour me guider et ne possédais aucun renseignement sur la route à suivre.

« Le 24, nous avons marché sous une pluie battante et avons dû passer deux immenses ravins inondés où nous avions de l'eau jusqu'aux genoux. A 2 heures de l'après-dîner, la colonne a été arrêtée par la Willu, dont les eaux considérablement grossies avaient inondé toute la vallée.

« La journée du 25 est employée à la construction d'un pont de 200 mètres de long. Pendant toute une grande partie de la matinée du 26 nous parachevons et consolidons ce pont. A

Un poste militaire au Congo. Troupes indigènes commandées par des officiers belges. (V p. 13.)

10 h. ½ la troupe se met en marche. Le passage du canon et des bagages se fait avec une lenteur désespérante. Que de précautions à prendre pour éviter des accidents !

« A 1 h. ½ nous traversons le camp arabe d'Ikamba. Pendant cette traversée un des soldats de la pointe d'avant-garde est frappé à la tempe droite d'une flèche empoisonnée. Sa mort est vengée. *C'est à Ikamba*, me dit-on, *que Hodister et ses compagnons ont été assassinés*. C'est le chef de ce camp, Kissangi-Sangi, qui a fait incendier et piller la factorerie de Bena-Kamba. Ikamba avait été complètement abandonné avant notre arrivée.

« Le 25 et le 26, deux cas de variole sont constatés parmi mes hommes. Le 27, nous passons un pont plus long que celui que nous avons construit le 25. Nous nous arrêtons pour le campement de nuit dans une grande plaine, où des indigènes d'Ikamba m'apprennent que tous les fuyards de Nyangwé se sont réfugiés à Riba-Riba. Il doit donc y avoir là en ce moment des forces considérables. Le 28 au matin, le nombre des varioleux s'est accru de 9. Beaucoup de porteurs se disent indisposés.

« Dans la matinée nous rencontrons le village arabe de Kassiandia, abandonné par ses habitants. Vers midi l'avant-garde tire quelques coups de feu sur des Arabes qui s'enfuient en laissant deux de leurs fusils entre nos mains. Dans l'après-dîner nous nous trouvons en présence d'une masse d'eau très profonde et très étendue; le pont qui en facilitait le passage a été en partie détruit par les Arabes, qui se sont heurtés ce matin à notre avant-garde. Nous traversons néanmoins; beaucoup de charges tombent à l'eau. Le passage dure plus de trois heures.

Combat avec les Arabes. — « Le 29, à 10 h. ½ du matin, nous arrivons en vue d'un taillis inondé. C'est en vain que nous essayons de le passer; les hommes perdent pied et doivent se sauver à la nage. Immédiatement après le taillis, il y a une rivière au courant très rapide. Avec une trentaine de bons soldats, je me mets à la recherche d'un autre point de passage, dans la direction du nord-nord-est.

« Je suis un sentier à l'extrémité duquel je trouve la rivière. Dissimulés derrière un épais rideau de feuillages qui borde la rivière, nous nous tenons cois et observons. De temps à autre, des canots passent devant nous, portant des hommes armés. Il est évident qu'ils surveillent la rivière et les rivières qui y aboutissent.

« Sur la rive opposée, il y a énormément de monde; nous ne voyons personne, mais nous entendons des bruits de voix, des cris, des appels, un tapage assourdissant. Après avoir bien recommandé à mes soldats de ne faire usage de leurs armes que s'ils étaient attaqués, je retourne seul à l'endroit où j'ai laissé la troupe et envoie une reconnaissance, sous les ordres du lieutenant De Bock, dans la direction du chemin de traverse. Au moment où cette troupe débouche dans la petite plaine à gauche, elle est aperçue par les Arabes apostés en face.

« Ceux-ci ouvrent le feu, et le combat commence. J'ordonne au capitaine Marck de se porter au pas de course avec une trentaine de soldats à un endroit déterminé et de diriger un feu bien nourri sur les Arabes établis en face.

« Moi-même et M. Mohun nous partons avec le canon que je fais mettre en batterie. Nous sommes obligés de manœuvrer dans la forêt; de là des difficultés sans nombre. Dans le camp arabe, on fait un tapage infernal, les gongs battent à outrance, les trompes et les olifants font entendre leurs fanfares de guerre, et au-dessus de tout cela éclatent des cris de colère, de rage, des provocations, des bravades.

« Les Arabes tirent sans mesure ; leur feu ne nous fait aucun mal ; ils brûlent de la poudre, voilà tout. Ils emploient plusieurs fusils rayés ; si je ne me trompe, ce doivent être des Martiny Henri. Le capitaine *Marck* et ses hommes coulent trois canots et tuent tous les gens qui les montent. Un obus va éclater dans le camp arabe. Une clameur retentit.

« Le lieutenant De Bock fait tirer des salves sur les Arabes massés en groupe, tandis qu'une trentaine de soldats établis non loin d'eux délogent les Arabes après une vigoureuse fusillade. Avec ces soldats, je vais renforcer la position du capitaine Marck. Des deux côtés le feu est très intense. Pendant une demi-heure au moins, nous nous trouvons sous une vraie grêle de balles.

« Heureusement les Arabes tirent très mal ; tous leurs coups portent trop haut. Nos feux croisés sur la clef de leur position jettent le trouble et le désordre dans leurs rangs. Ils ne tardent pas à lâcher pied et à prendre la fuite.

« Subitement tout bruit cesse de leur côté. Impossible de les poursuivre. Il y a là un obstacle infranchissable : la rivière, qui a une largeur de 75 mètres et une profondeur d'au moins 7 à 8 mètres. Et nous n'avons pas un seul canot à notre disposition.

« Après avoir rallié toutes mes forces, je me rends au point le plus rapproché des Arabes. Quelques hommes franchissent la rivière à la nage et se trouvent dans un camp arabe. Ce camp, qui est établi au village de Jome — situé à quatre heures de marche de Riba-Riba — a pour chef Kissangi-Sangi, l'assassin de Hodister. Kissangi-Sangi est, du reste, le chef de tous les postes établis dans la région comprise entre Bena-Kamba et Riba-Riba.

« Les Arabes ont dû fuir précipitamment et dans le plus grand désordre ; ils ont tout abandonné : effets d'habillements, literies, ustensiles de cuisine, vivres, gongs, trompes, poires à poudre, capsules, etc. Ils ont cependant enlevé ou adroitement caché leurs morts et leurs blessés. Des prisonniers nous apprennent que les Arabes ont fait de grandes pertes d'hommes, qu'ils ont été effrayés par le canon et les fusils à tir rapide et que, dans leur affolement, ils se sont sauvés par la forêt au lieu de suivre la route. Et, de fait, leur épouvante a dû être immense, car ils ne pouvaient pas ignorer que nous ne disposions d'aucun moyen pour franchir l'obstacle qui nous séparait d'eux.

« La rivière qui a empêché la poursuite s'appelle la *Kassuku*; son courant est torrentueux. Sans cet obstacle, nous serions arrivés le jour même à Riba-Riba sur les talons des fuyards et eussions, la suite le prouve, remporté un succès sans précédent. Dans la forêt et dans le camp arabe, il y avait partout des mares de sang.

« Au cours de cet heureux combat, qui a duré une bonne heure, nous n'avons eu qu'un seul homme blessé ; il a reçu une balle dans la cuisse gauche.

Passage de la rivière en radeau. — « Le lendemain 30, j'envoie des reconnaissances dans toutes les directions à l'effet de me procurer des canots. Elles revinrent vers midi, n'ayant rien découvert. Il faut recourir à la construction d'un radeau. On y travailla tout l'après-midi. La variole a fait quelques progrès, mais les soldats ne faiblissent pas; ils conservent presque tous l'entrain des premiers jours.

« A peine le radeau est-il en état de transporter des troupes, que je charge le lieutenant *De Bock* d'une reconnaissance offensive dans la direction de Riba-Riba. Je mets 150 soldats à sa disposition et lui adjoins le capitaine Marck et le sergent Nahan. Afin de donner à cette colonne une grande mobilité et de lui permettre d'évoluer avec la plus grande facilité, je décide qu'elle n'emportera aucun bagage et que les hommes n'auront avec eux que leurs fusils et leurs cartouches.

« Le passage de la *Kassuku* par le radeau dure quatre heures. Cinq hommes seulement peuvent prendre place ensemble sur cette primitive embarcation; la violence du courant rend l'opération des plus dangereuses. Le passage terminé, la troupe se met en marche et, au lieu des Arabes qu'elle s'attendait à rencontrer, elle ne rencontre partout que la solitude la plus absolue. A quelque distance de Riba-Riba cependant, quelques hommes cachés dans la forêt tirent une demi-douzaine de coups de feu et s'enfuient en abandonnant un fusil.

Prise de Riba-Riba. — A 3 h. ½ de l'après-dîner, *Riba-Riba* est en vue et, un quart d'heure après, la troupe entrait dans la ville abandonnée et en partie incendiée par les Arabes eux-mêmes. Le drapeau de l'État est planté sur les ruines encore fumantes de la maison du chef Nséréra.

« La terreur que nous leur inspirons est tellement grande qu'ils ont même évacué les nombreuses îles qui se trouvent en face de Riba-Riba. Ils se sont retirés sur la rive droite, fuyant le combat, terrifiés par la puissance de nos armes. Et cependant, ce n'était pas le nombre qui leur faisait défaut.

« La population s'était accrue, en ces derniers temps, de nombreux débris des troupes vaincues et dispersées par Dhanis à Nyangwé. Il va de soi qu'en se sauvant, les Arabes ont emporté toutes leurs femmes, toutes leurs richesses et toutes leurs provisions. Pas un seul canot en vue.

« Dans leur impuissance à lutter contre nous les armes à la main, ils ont recouru, les lâches, à un autre moyen : la faim. Avant de quitter leur belle et ancienne ville, ils ont tout détruit. Dans leur rage de destruction, ils ont même tenté d'incendier des cannes à sucre sur pied. Nos hommes ont pu se procurer quelques maigres racines de manioc et quelques débris de cannes à sucre dans les cultures de ces bandits, mais heureusement les indigènes en grand nombre apportent bientôt des vivres.

« Devant la demeure de Nséréra se trouvait un poteau auquel étaient suspendues deux mains droites.

Où est l'ennemi en fuite ?

— « En présence de la fuite des Arabes, je me trouve dans la nécessité d'arrêter sur-le-champ le plan de campagne que je devrai suivre dès maintenant.

« D'abord, quel est le chemin qu'auront pris les fuyards ?

« Celui de Nyangwé, où Dhanis doit à l'heure actuelle avoir concentré une partie de ses forces, après l'éclatante victoire qui l'a mis en possession de cette place réputée fameuse ? c'est impossible.

« S'échapper latéralement leur est également impossible, car ils succomberaient sous les coups des indigènes.

« Il ne leur reste qu'une route ouverte, c'est celle des Falls. C'est donc vers ce point qu'ils vont se diriger, et je me crois d'autant plus fondé à faire cette supposition que cette place est encore occupée par eux, et que l'État n'y possède qu'un résident protégé par une simple garde.

« Avec les moyens dont je dispose, et dont les principaux consistent en deux grands vapeurs capables de transporter une expédition même plus forte que celle que je commande, je les devancerai au moins de dix jours. Il n'y a donc pas à hésiter.

En route pour les Falls !

— « Le 6 mai, nous sommes rentrés à Bena-Kamba, où j'ai pris les mesures nécessaires pour enrayer la propagation de cas de variole.

« Le même jour, à 10 heures, le steamer *Ville de Bruxelles* quitte Bena-Kamba emportant toute l'expédition.

« Notre marche victorieuse sur Riba-Riba et notre prise de possession de cette ville sont un grand succès pour l'État.

« Qu'en résulte-t-il, en effet ?

« 1º L'affirmation de notre force, de notre puissance, de notre autorité. Nous avons prouvé que nous sommes *les maîtres* et que les Arabes, comme les indigènes, se soumettront à nos lois quand nous le voudrons.

« 2º L'affaiblissement, si pas l'annihilation du prestige des Arabes sur les indigènes en général, et en particulier sur les natifs qui leur étaient soumis le long de leur route d'opération.

« 3º L'évanouissement de toutes les légendes que l'on avait fait courir sur le courage des Arabes.

« Je note ici un fait caractéristique qui confirme mon opinion sur les conséquences de la prise de Riba-Riba. Les indigènes du village de Tendé, situé à une journée de marche de Bena-Kamba, sont venus, lors de mon retour, me demander un poste pour les protéger contre les Arabes.

« Je tiens à rendre ici un hommage au courage, au dévouement et au désintéressement de *M. Mohun*, consul des États-Unis d'Amérique, que j'avais chargé de la direction de l'artillerie, et qui a été pour moi un auxiliaire des plus précieux. Sa conduite sous le feu a été irréprochable. Je rappelle que le concours de M. Mohun a été volontaire. »

(Chaltin.)

§ III. — Victoire des Stanley-Falls remportée par les commandants Chaltin et Tobback.

Aux Falls. — A la suite de leur défaite à Riba-Riba, les Arabes, on s'en souvient, s'étaient réfugiés vers les Stanley-Falls, et le commandant Chaltin, pressentant qu'ils allaient menacer la situation de la garnison de cette place, se porta en hâte vers les Falls, par le Lomami, où il s'embarqua avec son expédition à bord de deux vapeurs.

En deux jours, il descendit le fleuve jusqu'à son embouchure et s'arrêta en face du camp de Basoko.

Il n'avait pas touché la rive, qu'on lui apportait le *message du commandant Tobback*, le priant de venir à son secours, les Falls étant menacés, comme Chaltin l'avait pressenti. Le lendemain, dès l'aube, celui-ci se rembarqua avec ses forces valides pour les Falls, où il arriva après quatre jours de navigation, dans la nuit du 17 au 18 mai.

Les hostilités. — Les hostilités contre la possession des Stanley-Falls avaient été engagées par les Arabes depuis cinq jours. Tobback avait, du reste, depuis quinze jours, vu les Arabes fondre des balles, couper des lingots, renvoyer leurs femmes et leurs enfants au loin dans les terres, procéder enfin à tous les préparatifs d'un coup de main.

Tobback avait réuni les chefs arabes pour leur demander à brûle-pourpoint leurs intentions. Les Arabes protestèrent de leurs dispositions pacifiques et déclarèrent même qu'ils n'étaient armés jusqu'aux dents que parce qu'ils se trouvaient réunis pour manger la soupe ensemble.

Craignant que l'entrevue ne tournât tragiquement, et, de plus, que les Arabes ne parvinssent à le surprendre, Tobback se retira avec ses forces dans la partie la mieux fortifiée de la station des Falls sur la rive droite du fleuve. Il ne laissait que 3 ou 4 hommes dans l'île, avant-poste de la station, comme éclaireurs.

Dès le lendemain, les Arabes s'installent de vive force dans les factoreries des Sociétés belges et hollandaises établies dans la région ; le 15, ils ouvrent le feu contre un village indigène des environs, tout dévoué à l'État du Congo.

Ils y font de nombreux prisonniers, puis se portent contre la station des Falls mêmes. Ils assiègent la station de toutes parts et ouvrent le feu contre la garnison. Très nombreux, tandis que les agents de l'État disposaient de forces minimes, ils faisaient preuve de la plus grande audace.

Commandés par Rachid, le gendre de Tippo-Tip, ils avaient reçu des recrues et des renforts de tous les villages environnants ; ils ont mené leur attaque avec la plus grande violence.

Elle a été néanmoins repoussée par les forces de la station, commandées ce jour-là par le sergent Van Lier.

Les Arabes laissèrent 25 hommes sur le terrain.

Du côté de la garnison, on releva quatre hommes tués et huit blessés. La bataille avait duré jusqu'à la nuit.

Le 16 et le 17, toutefois, les Arabes revinrent à la charge avec une nouvelle furie. A plusieurs reprises, ils sont devenus maîtres de la station dont la garnison les déloge finalement avant la nuit ; il est évident que la situation va devenir désespérée, lorsque l'expédition de Chaltin, prévenue par Tobback, comme on l'a vu plus haut, apparaît sur le champ de bataille.

Dans la nuit, la jonction s'opère, et Tobback et Chaltin se concertent pour la suite de leurs opérations.

Mais les Arabes, prévenus de l'arrivée des renforts belges, ne dissimulent pas leur inquiétude. Ceux qui, quelques heures auparavant, narguaient les Belges en se promenant devant les Falls ou en traversant le Congo à la nage sous leurs balles, étaient maintenant pris de panique.

Chaltin et Tobback divisèrent leurs troupes en deux colonnes: l'une qui devait opérer définitivement sur la rive droite, et l'autre qui était chargée de l'offensive sur les points occupés par les Arabes.

La colonne d'attaque, commandée par Chaltin, se jette, dès l'aube, dans le fleuve, avec une véritable furie, gagne l'île où campent les Arabes et, après une lutte de deux heures, emporte tous leurs camps et les rejette, décimés, dans le Congo. Les Arabes perdent des centaines d'hommes et laissent autant de prisonniers entre les mains de Chaltin.

Le lendemain 19, Chaltin pousse des reconnaissances aux environs, trouve les Arabes partout en fuite, tandis que ceux qui restent encore se constituent prisonniers. On ne compte pas moins de 2,000 captifs dans la soirée du 19 ; et ils déposent leurs fusils et munitions aux pieds de nos compatriotes victorieux.

Ici s'arrête ce brillant bulletin de victoire.

On a vu dans le chapitre précédent comment s'est opérée la jonction des diverses expéditions pour aboutir au résultat final : l'expulsion des Arabes du Manyéma.

Chefs indigènes convoqués à une grande palabre. (V. p. 43.)

CHAPITRE IV.

Retour en Belgique. — Fêtes de réception.

ES RÉSULTATS DE LA CAMPAGNE. — Les victoires décisives remportées sur Rumaliza aux environs de Kabambarré, permirent aux lieutenants Lothaire et de Wouters d'Oplinter de reconnaître le pays qui touche aux rives du Tanganika et d'y rendre permanente l'occupation de l'État.

Le Manyéma était purgé des bandes esclavagistes ; il s'agissait d'en prévenir le retour.

C'est au cours de ces opérations que les troupes de l'État opérèrent leur jonction avec celles de la Société antiesclavagiste de Belgique, sous les ordres du commandant Descamps, successeur de Jacques, à Miketo, à douze lieues du lac.

Il fut convenu entre Descamps et Lothaire que le premier occuperait Albertville, ainsi que Kibanga, ancienne mission abandonnée, et qui portait aussi le nom de Lavigerieville ; le second, de son côté, devait laisser au lac une partie de ses forces sous le commandement du lieutenant Lange pour occuper la partie septentrionale du Tanganika.

Les principaux établissements jugés nécessaires dans cette situation étaient, à part l'occupation du Tanganika qui a été effleurée plus haut : Kabambarré, Nyangwé, Kassongo, Kibongé et les Stanley-Falls.

Notre valeureux compatriote escompta l'esprit d'entreprise et les facultés spéciales de plusieurs Arabes influents qui avaient fait leur soumission complète, pour développer rapidement certains centres d'occupation et en former des foyers civilisateurs qui, sous l'impulsion des officiers belges, feront sentir leur action bienfaisante autour d'eux.

Le départ. — En mai 1894, Dhanis estima la situation suffisamment bonne pour lui permettre de prendre la route d'Europe; d'aussi brillants résultats, obtenus après deux années de combats, autorisaient enfin le vainqueur à quitter le champ de bataille.

A la nouvelle de ses succès extraordinaires, le roi Léopold venait de le créer *baron*, titre de noblesse bien mérité et rarement donné jusqu'ici. Remettant donc le commandement au lieutenant Lothaire, le baron Dhanis prit la voie des Stanley-Falls en marchant par étapes, de manière à s'occuper de tous les détails de l'organisation définitive des places à défendre.

En août-septembre, il passait à Matadi, Boma et s'embarquait à Banana, sur la *Wilhelmina* qui devait le rapatrier.

Arrivée à Anvers. — Le 11 octobre, à 8 heures du matin, le baron Dhanis parut devant Flessingue, à bord du steamer *Wilhelmina*, brillamment pavoisé et escorté de l'*Émeraude* et du *Washington*. Vers midi, le steamer salua Anvers de trois coups de canon, auxquels une foule immense, massée sur les quais, répondit par de formidables acclamations. Dhanis débarque, la musique entonne la *Brabançonne*, tout le monde se découvre, les acclamations reprennent de toutes parts avec une vigueur intense : la scène est d'une grandeur émouvante ; c'est au milieu d'un véritable triomphe que le jeune officier gagne en voiture la demeure de ses parents.

Ce n'était là toutefois pour le commandant Dhanis, que le prélude d'une série de réceptions et de fêtes, toutes des plus brillantes, mais dont nous ne pouvons donner ici qu'une simple énumération.

Le lendemain de son arrivée, il fut reçu à deux heures, à l'hôtel de ville d'Anvers. A trois heures, il reçut au local du Cercle artistique un magnifique sabre d'honneur de la part du Commerce anversois, et une médaille de la part de la Société de géographie d'Anvers. A cinq heures, il descendait à la gare de Bruxelles où l'attendaient le prince Albert de Belgique, un grand nombre d'autorités et tous les officiers du régiment des grenadiers ; à la sortie de la gare, l'immense foule qui couvrait la grande place Rogier et les boulevards, lui fit une manifestation vraiment populaire, spontanée et grandiose.

Le 16, le baron Dhanis fut reçu par le Roi au palais de Bruxelles.

Le 19, eut lieu la séance de la Société royale belge de géographie.

Le 23, l'Administration communale de Bruxelles lui offrit, dans les splendides salles de l'hôtel de ville, un raout auquel assistèrent plus de 2500 personnes.

Le 30, le Cercle africain, composé en très grande partie d'officiers et d'agents qui ont été au Congo, lui offrit également une fête des plus cordiales.

Enfin, la Société d'études coloniales a fait en son honneur une splendide manifestation à Bruxelles, au théâtre flamand où M. Bernard prit la parole.

A la Société royale de géographie. — Nous détaillerons davantage cette séance à laquelle nous avons assisté et où nous avons pu faire connaissance avec plusieurs membres de l'expédition Dhanis. Elle eut lieu le soir du 19 octobre au splendide local de la Société de la Grande Harmonie. La salle était comble. A huit heures et demie, le prince Albert de Belgique, en grande tenue de lieutenant des grenadiers, fait son entrée, accompagné du baron Dhanis.

M. Pavoux, président, ouvre la séance par l'allocution suivante :

« Monseigneur, Mesdames, Messieurs.

« La Société royale belge de géographie, appréciant à sa juste valeur l'importance de l'œuvre civilisatrice et humanitaire entreprise au Congo par S. M. le Roi, a toujours considéré comme un devoir et un honneur d'accueillir avec gratitude, dès leur retour dans la patrie, les vaillants champions d'une cause aussi belle.

« Le **baron Dhanis**, j'appuie sur ce titre, parce que, rappelant les preux du moyen âge que le suzerain armait chevaliers sur le champ de bataille, à la suite de quelque action d'éclat, celui que vous avez acclamé à son entrée dans cette salle, a conquis cette distinction à la pointe de l'épée, en refoulant au loin les horreurs de l'esclavage; le baron Dhanis, dis-je, le courageux officier belge que vous voyez à cette tribune, vient de faire dans son pays une rentrée triomphale.

« A Anvers, berceau de sa famille, comme à Bruxelles, il a été accueilli, acclamé, fêté avec un enthousiasme débordant, qui lui a montré à quel haut degré sont appréciés l'énergie, le sang-froid, la persévérance et toutes les mâles qualités d'un chef éminent, qu'il a déployées pendant la longue campagne que le succès a couronnée.

« A notre tour, et ici je remplis un devoir, en remerciant S. A. R. Mgr le prince Albert d'avoir bien voulu rehausser de sa présence cette solennité tout à l'honneur de l'armée belge, à notre tour de souhaiter la bienvenue au lieutenant Dhanis, membre de notre Société depuis près de dix ans, et de lui dire que nous sommes fiers de compter dans nos rangs un aussi illustre confrère... »

Suit la lecture de l'*aperçu de la campagne arabe*, que nous avons remplacé ci-dessus par des détails plus circonstanciés. Après cette lecture, assez monotone, le président reprend la parole pour rendre hommage au baron Dhanis.

Il termine en lui remettant une médaille d'or, laquelle porte d'un côté :

« La Société royale belge de géographie au Commandant
« de la campagne contre les Arabes, baron Francis Dhanis,
« Inspecteur d'État de l'État Indépendant du Congo. Bruxelles,
« le 19 octobre 1894. »

Et au revers : « Campagne contre les Arabes. Conquête du
« Manyéma. Défaites de Gongo-Lutété, Séfu, Muini-Pembé et
« Muini-Moharra. Prises de Nyangwé et de Kassongo. Com-
« bats de la Luama et de la Lulindi. Défaite de Rumaliza. Prise
« de Kabambarré. Avril 1892 à février 1894. »

Dhanis fait l'éloge de ses collaborateurs. — Le commandant Dhanis se lève et, au milieu de la plus vive attention, prononce le discours suivant, dans lequel sa modestie lui fait passer sous silence ses propres mérites pour signaler ceux de ses adjoints :

« Monseigneur, Mesdames, Messieurs.

« La réception dont j'ai été l'objet a été des plus brillantes et des plus émouvantes. Les paroles me font défaut pour exprimer mes plus sincères remerciements et ma profonde reconnaissance à la Société distinguée qui assiste à cette séance, que Monseigneur le prince Albert de Belgique a bien voulu honorer de sa présence.

« Mais je ne puis laisser passer cette occasion, sans rendre hommage au dévouement et au courage des officiers et sous-officiers qui, sous mes ordres, ont participé à la campagne arabe dans les régions du Sud, depuis Lusambo jusqu'au Tanganika, et auxquels revient la plus grande partie des honneurs que mes compatriotes ont bien voulu me décerner.

« Avant tout, il me revient la pénible mission de rappeler les *noms* de ceux qui ont payé de leur vie leur dévouement à la cause de la civilisation et à la grande œuvre entreprise par Sa Majesté.

« Je citerai en première ligne *Ponthier*, Ponthier dont le courage ne connaissait aucun obstacle, est trop bien connu pour que je rappelle ses exploits à l'avant-garde du camp de l'Aruwimi et à l'avant-garde de l'expédition si brillante du regretté commandant Van Kerkhoven. La guerre arabe éclata : Ponthier était en Europe. Quoique malade encore des suites d'une blessure, il repartit immédiatement et fut alors le héros d'une campagne menée d'une manière admirable. Deux jours après son arrivée aux Falls, il se mit en marche, prit Kirundu et, par des marches extraordinairement rapides, transforma la fuite des Arabes en une panique qui les dispersa dans toutes les directions. Quelques jours plus tard il me rejoignait à Kassongo. Il prit part aux journées des 15, 16, 17, 18 et 19 octobre. Malheureusement, blessé le 19, Ponthier succomba à ses blessures. Sa mort fut celle d'un héros !

« Le Roi, voulant perpétuer sa mémoire, a signé un décret donnant le nom de *Ponthierville* à la capitale de la Zone arabe.

« En second lieu, je citerai le lieutenant *de Heusch*, qui nous rejoignit quelques jours après la mort de Ponthier. Sa conduite des plus brillantes faisait espérer un bel avenir à ce jeune officier ; malheureusement, le 18 novembre il trouva la mort à l'assaut de la position d'Ogella.

« *De Wouters d'Oplinter*. L'État fondait les plus grandes

espérances sur cet officier d'élite, qui avait participé à toute la campagne. Il s'était particulièrement distingué dans le combat du 9 janvier, où fut tué Muini-Moharra, le farouche chef de Nyangwé. Il se distingua aussi dans la campagne contre Rumaliza, où il commandait un détachement indépendant. Il commanda encore la colonne qui opéra la jonction avec les forces antiesclavagistes ; mais épuisé par les fatigues, il vint mourir à Kassongo, au moment où il allait rentrer en Europe.

« Le lieutenant *Duchesne* et le sergent *Prégaldino* ne sont plus ; ils avaient assisté avec Michaux au combat du Lomami. Le lieutenant *Börtzel*, de la marine royale suédoise, a aussi succombé, ainsi que tout récemment le jeune *Merkus*; les sous-officiers *Destrait* et *Breugelmans* furent aussi victimes de leur dévouement.

« Je tiens encore à citer les pricipaux de mes collaborateurs, dont quelques-uns sont encore en Afrique, d'autres sont ici en Europe.

« Le capitaine *Gillain* me rejoignit après la prise de Nyangwé; il se distingua à la prise de Kassongo et dans la campagne contre Rumaliza. Il me succéda dans le commandement du district du Lualaba.

« Le lieutenant *Lothaire* répondit à l'appel que je lui adressai après la mort de Ponthier. Il accourut avec 200 Bangalas. Son détachement, renforcé de celui de De Wouters, prit d'assaut le boma de Rumaliza. Il commanda ensuite l'expédition qui prit Kabambarré et mit la déroute finale parmi les troupes arabes. Il me succéda dans le commandement de la zone arabe.

« *Michaux*, vainqueur du Lomami, prit part à la campagne jusqu'à la prise de Nyangwé.

« *Doorme*, qui s'était distingué dans le district du Kassaï par sa lutte contre les Kiokos, prolongea son temps de service pour prendre part à la campagne arabe. A la tête de détachements qu'il forma avec des éléments recrutés dans le pays, il se distingua à la prise de Kassongo, prit part à tous les combats ultérieurs, et ne rentra en Europe qu'après la prise de Kabambarré, où fut tiré le dernier coup de fusil.

« Le Dr *Hinde*, qui vient d'être nommé capitaine, se distingua dans plusieurs combats et se dévoua surtout dans plusieurs épidémies de variole.

« Je ne détaillerai plus la brillante conduite de *Cassart*. — *Hamboursin* se fit remarquer par son calme étonnant durant toute la campagne de Rumaliza. — *Lange* fut blessé au combat du 15 octobre 1893. — Le capitaine *Rom*, le sous-lieutenant *Van Lint*, le capitaine *Colignon*, le lieutenant *Augustin*, le lieutenant *Franken* rendirent aussi des services signalés à la fin de la campagne. — Le lieutenant *Lemery* eut la tâche ingrate de commander la place de Nyangwé, qui était fort menacée à un moment donné. — Les sous-officiers *Collet* et *Van Riel* méritent aussi les plus grands éloges. — *Sandrart* s'occupa activement de la tâche souvent difficile de ravitailler notre expédition.

« Tels furent mes principaux adjoints : avec de tels hommes le succès de la campagne était assuré.

« Je ne puis terminer sans rappeler *Coquilhat*, sous les ordres de qui je fis école au Congo, et qui, par un ordre de service à jamais mémorable, dicta à chacun la conduite à tenir pour enrayer les progrès inquiétants des Arabes.

« Il n'est pas douteux, Messieurs, que le Manyéma est appelé à un grand avenir. La meilleure preuve en est dans le grand nombre d'Arabes venus de tous côtés pour exploiter ces régions. Actuellement que le pays est purgé des brigands qui le dévastaient, l'indigène, sous la protection de l'État et sous la direction des Arabes fidèles, va pouvoir se livrer en paix à la culture du sol, sans craindre de voir ses champs dévastés et ses richesses pillées. Le sol du Manyéma est parmi les plus riches de l'État. Tous les produits tropicaux s'y rencontrent en abondance ; il n'y a nul doute que cette région ne devienne par la suite une contrée des plus prospères, et une source de richesses pour les Européens qui voudront s'y établir, et couronner ainsi l'œuvre si noble entreprise par le Roi-Souverain. »

Les paroles du commandant Dhanis, dites simplement mais avec une netteté toute militaire, sont accueillies par de longues acclamations.

Avant de se retirer, le prince Albert s'est fait présenter les deux chefs Arabes avec lesquels il s'est entretenu par l'intermédiaire du baron Dhanis.

NÉCROLOGIE.

Pour compléter la liste des victimes des cruautés arabes, nous rapporterons ici quelques faits antérieurs à l'expédition Dhanis, savoir: la *mort d'Hodister*, de *Debruyn* et de *Lippens*, qui furent massacrés et mangés par les cannibales, et celle du fameux *Emin-pacha*, qui subit le même sort.

Dévouement héroïque du sous-officier Debruyn. — Le fait suivant est relaté par un témoin oculaire, M. Mohun, consul des États-Unis, dont le nom a déjà été cité.

On se rappelle la détention par les Arabes et la mise à mort du lieutenant *Lippens*, résident belge à Kassongo, et de son adjoint *Debruyn*, au début du soulèvement des esclavagistes.

« Je dois vous raconter, dit le témoin, la scène la plus déchirante à laquelle il m'ait jamais été donné d'assister. Vous savez que les Arabes avaient chez eux à l'état de prisonniers deux hommes blancs, Lippens et Debruyn, résidents à Kassongo. Debruyn fut envoyé vers nous par les Arabes afin d'engager les blancs à traverser le Lomami avec 50 hommes, à l'effet d'avoir une entrevue avec Séfu. Nous savions d'avance par nos espions, qu'on allait nous adresser une pareille invitation, qui n'était qu'une ruse pour s'emparer de nos personnes.

« Debruyn vint au bord de la rivière et, d'une rive à l'autre, pendant une demi-heure, il engagea la conversation. La rivière avait 90 mètres de large. L'officier belge était virtuellement prisonnier depuis cinq mois. Nos instructions étaient de ne pas commencer de combat, mais, si nous étions attaqués, d'aller jusqu'au bout. Scheerlinck courut au camp écrire une lettre pour Lippens. Je criai à Debruyn : « Savez-vous nager ? » Il me répondit : « Oui. » Alors, le chef arabe le suivant à un mètre de distance, il descendit la berge et lava ses pieds dans la rivière. 40 Arabes étaient groupés à 15 mètres derrière lui, et à 400 mètres en arrière, il y en avait 200 autres. Nous fîmes se cacher 10 de nos meilleurs tireurs dans les buissons de notre berge, et, autour de moi, je groupai, bien en vue, dix autres tireurs émérites.

Passage à gué d'une Rivière au Congo. (V. p. 49.)

« Je repris la conversation, puis, tout à coup, mes dispositions étant terminées, je lui criai : « Quelqu'un de votre côté comprend-il le français ? » Il me répondit : « Non. » Alors j'ordonnai aux hommes cachés dans les herbes : « Visez bien chacun votre homme et laissez-moi le chef » ; puis je dis à Debruyn : « J'ai des tireurs de choix cachés dans l'herbe et je puis vous sauver ; sautez dans la rivière. » Un silence vraiment affreux d'une demi-minute succéda à cette parole. Il me répondit : « Non, merci. Je ne puis pas abandonner Lippens. »

« Puis, avec simplicité, il alla se remettre entre les mains de ses gardes. Nous lui envoyâmes notre dernière goutte de cognac et une pièce d'étoffe avec une lettre pour Lippens. La nuit dernière, nous avons appris par quelques-uns de nos prisonniers que sa tête et celle de Lippens ont été fixées sur les palissades d'une ville qui est à trois journées de marche d'ici, Kassongo, la résidence de Tippo-Tip et de son fils Séfu. Sur ces mêmes palissades, on a fixé encore la tête de neuf autres Européens ; je connaissais trois d'entre eux, qui m'ont soigné quand j'ai été atteint de ma première fièvre. »

La mort de ces deux braves a été bien vengée par les succès qui ont suivi.

Le lieutenant Hodister. — Voici quelques détails biographiques sur cet explorateur massacré par les Arabes de Nséréra, en juin ou en juillet 1892.

Bien que né à Bruxelles, en 1847, Hodister était de race luxembourgeoise comme le capitaine Jacques, son émule au Tanganika. Il a servi avec distinction aux zouaves pontificaux, et il a fait partie de ce groupe de soldats chrétiens qui ont fourni à l'antiesclavagisme d'admirables héros, en tête desquels brille le capitaine Joubert.

Avant d'arpenter l'Afrique centrale, il avait, emporté par sa passion pour les lointains voyages, parcouru les Indes, les Philippines, la Nouvelle-Calédonie, l'Australie, la Nouvelle-Irlande et la Nouvelle-Bretagne. Entré au service du gouvernement espagnol, il était à bord du navire qui alla, au nom de ce gouvernement, faire acte d'autorité souveraine dans l'archipel des Carolines, à l'époque du conflit célèbre de l'Espagne avec l'Allemagne, si sagement terminé par l'arbitrage du Saint-Père Léon XIII. Au retour, son navire fit naufrage, et Hodister sauva la vie à plusieurs personnes. Il accomplit cet acte de courage simplement, sans forfanterie, comme tout ce qu'il faisait.

Comme pionnier civilisateur, Hodister relève directement de l'école de Gordon et de Cameron. Il avait horreur du sang et, à l'exception des jours de chasse, il voyageait ordinairement sans armes. Qui sait si cette confiance extrême ne lui a pas été fatale ! Il comptait beaucoup d'amis au Congo, même parmi les Arabes, ce qui porte à penser que s'il a été martyrisé, tué et mangé, ce doit être le fait de sbires chargés de cette abominable besogne.

Hodister savait trouver un langage poétique pour exprimer sa foi. Voici ce que, peu de jours avant son dernier départ d'Europe, il disait à l'un de ses amis de Bruxelles : « Sous le dôme étincelant des calmes et ravissantes nuits africaines, j'entends littéralement le chant de la nature et ses puissantes harmonies qui louent le Créateur... Je me sens alors si près de Dieu, la beauté de ses œuvres et la multiplicité de ses bienfaits m'apparaissent si tangibles, le soir d'une de mes rudes journées, que je serais un imbécile ou un orgueilleux de ne pas croire et de ne pas prier. Jamais, ajoutait-il, je n'ai été aussi heureux de croire en Dieu et de servir son Église que depuis mon odyssée africaine. »

Ces paroles peignent l'homme ; elles disent encore que s'il y a dans l'entreprise congolaise, comme dans toute œuvre humaine, un côté mercantile, on y rencontre aussi de nobles et généreux cœurs.

En même temps qu'Hodister, d'autres agents des compagnies commerciales furent massacrés au début du soulèvement des Arabes. Citons :

Le docteur *Jules Magery*, médecin de l'expédition, né à Dinant en 1866, et *Jean-Baptiste Desmedt*, né à Gand, tués en compagnie d'Hodister, le 15 mai 1892.

Alfred Noblesse, né à Bruxelles en 1869, tué le 10 mai à Riba-Riba, où il commandait le poste commercial.

Julien Pierret, né à Bruxelles en 1858, tué au poste de Lomo le 17 mai.

Gaston Jouret, né à Bruxelles en 1869, mort à Kibongé le 10 mai.

Ajoutons encore *Alphonse Mussche*, de Gand, *Pierre Chaumont*, de Liége, et *Joseph Goedseels*, de Malines, morts de maladie pendant cette malheureuse expédition commerciale, qui fut en partie la cause déterminante ou occasionnelle du soulèvement des Arabes.

Fin tragique d'Émin-Pacha. — On connaît l'histoire de cet étrange aventurier allemand, le docteur Snitzler, qui, après s'être créé pour ainsi dire un royaume au milieu de l'Afrique, à Wadelaï, sur le haut Nil, se vit obligé d'implorer du secours, et que Stanley alla délivrer pour le ramener à Bagamoyo, sur la côte orientale (1889).

Au lieu de revenir en Europe, Émin repartit furtivement pour la région des Grands lacs, se forma une troupe de Nubiens, avec laquelle il explora en dernier lieu la région occidentale du Tanganika. Il était arrivé sur les bords du Congo, non loin de Kibongé, lorsqu'il tomba dans un parti arabe commandé par Saïd, l'un des lieutenants de Muiné-Moharra.

M. Mohun, consul des États-Unis, ayant rencontré plus tard l'un des sbires, auteurs du meurtre, en obtint les détails ci-après.

« Mamba et moi, dit le meurtrier, nous étions debout près du pacha. Sur un signe du chef Kinena, nous lui saisîmes chacun un bras, en le maintenant assis de force. Il se tourna et nous demanda ce que nous lui voulions. Kinena lui dit : « Pacha, vous allez mourir. » Il s'écria avec colère : « Qu'est-ce que cela veut dire ? Est-ce une plaisanterie ? Qui êtes-vous pour ordonner la mort d'un homme ? » Et Kinena répondit : « Je n'ordonne pas. J'ai reçu ordre de Kibongé, qui est mon chef, et je dois obéir. »

« Émin se débattit et s'efforça de prendre son revolver. Mais il ne put le saisir. Et Kinena montra la lettre par laquelle Kibongé ordonnait le meurtre. Émin la lut et vit qu'elle était véritable. Il respira longuement et dit :

« C'est bien ; vous pouvez me tuer. Mais songez que les autres hommes blancs vengeront ma mort ; et laissez-moi vous dire que d'ici deux ans, il ne restera pas un seul d'entre vous autres Arabes dans ce pays que vous occupez maintenant... » Émin ne montra pas de crainte. Sa voix trembla seulement un peu lorsqu'il parla de sa petite fille.

« Kinena fit signe de nouveau. Le pacha fut enlevé de sa chaise et couché par terre sur le dos. Chacun de ses bras et chacune de ses jambes étaient tenus par un homme ; moi, je tenais sa tête, tandis que Mamba lui coupait la gorge. Émin ne tenta aucune résistance. D'un coup de couteau, Mamba sépara à moitié la tête du corps. Le sang jaillit sur nous : le pacha était mort. Mamba acheva de trancher la tête, et Kinena l'envoya à Kibongé. Nous laissâmes le corps où il était. »

On apprit toutefois que le corps d'Émin fut mangé par les cannibales Manyémas, comme ceux de tous les Nubiens de son escorte massacrés après lui.

Ainsi finit tragiquement cette existence bizarre, qui eut son jour de gloire et de célébrité. Ses papiers, ses livres, parmi lesquels étaient la Bible et le Coran, et une partie des collections d'Émin parvinrent à Dhanis, qui les envoya en Europe. Il laissait une enfant d'un an, née de la troisième femme noire qu'Émin, adoptant les pratiques musulmanes, n'eut pas honte de prendre dans ses courses.

Le meurtrier Saïd, fait prisonnier de guerre par Ponthier, fut jugé et passé par les armes.

DEUXIÈME PARTIE.

LE CAPITAINE JACQUES & LES EXPÉDITIONS ANTIESCLAVAGISTES BELGES.

CHAPITRE I.
De Belgique au Tanganika.

§ I. Les quatre expéditions.

LA CROISADE AFRICAINE. — Dans le courant de l'année 1890, le grand pape Léon XIII chargeait le primat d'Afrique, l'illustre cardinal Lavigerie, archevêque d'Alger et de Carthage, de prêcher en Europe une nouvelle croisade pour la libération de ces millions de nègres, qui en Afrique, sont traités par les conquérants Arabes avec une férocité sans nom, traqués comme des bêtes fauves, et emmenés en esclavage pour servir à la brutalité de maîtres sensuels et corrompus.

La voix éloquente et persuasive du grand orateur sacré se fit entendre d'abord à Paris, puis à Londres et à Bruxelles ; partout elle provoqua un élan généreux de sympathie pour nos frères opprimés et d'indignation contre les sectateurs de Mahomet, auteurs de tant de crimes de lèse-humanité.

Dans plusieurs pays d'Europe, il se forma aussitôt des *Sociétés antiesclavagistes*, ayant pour but de recueillir des fonds et d'organiser des expéditions armées, qui seraient dirigées vers les lieux les plus dévastés par l'odieuse chasse à l'homme, surtout dans les contrées du centre et de l'est de l'Afrique.

La Belgique, qui tenait à ne pas rester en dehors du mouvement, et qui, de fait, fut la seule qui opéra efficacement, prit comme champ d'opération les immenses territoires de l'État indépendant du Congo, situé au cœur de l'Afrique, et dont le roi Léopold II est le fondateur et le souverain.

Pendant que les forces de l'État libre maintenaient la police dans les régions occidentales et centrales du Congo, la *Société antiesclavagiste de Belgique*, sous la direction du comité de

Bruxelles, organisait successivement plusieurs expéditions armées et les dirigeait vers le lac Tanganika.

L'objectif immédiat était de secourir l'héroïque capitaine français Joubert, qui depuis douze ans s'était fait le défenseur des Pères Blancs dans leurs missions des rives du Tanganika, ravagées par les chasseurs d'hommes.

Quatre expéditions belges se succédèrent à une année d'intervalle, de 1890 à 1893.

I. La première expédition, composée du lieutenant *Hincq* et de deux volontaires, *MM. P. de Kerkhoven* et *Camille Ectors*, prit la voie de la côte occidentale. Partie d'Anvers le 17 juin 1890, elle remonta le Congo et le Lomami, jusque Bena-Kamba, d'où elle devait atteindre le Tanganika. Mais les troubles qui occasionnèrent la mort d'Hodister les forcèrent de rentrer en Europe.

II. La seconde expédition fut plus heureuse. Sous le commandement du capitaine *Jacques*, accompagné de MM. *Renier, Docquier* et *Vrithoff*, elle partit, le 29 avril 1891, de Rotterdam pour Zanzibar, où elle arriva le 7 juin. Elle atteignit rapidement le Tanganika, où elle fonda le fort d'Albertville. Vrithoff, devenu lieutenant de Joubert, tomba glorieusement dans un combat contre les Arabes : nous en avons fait le sujet d'un ouvrage spécial (1).

III. La troisième expédition suivit un an après, sous la conduite du lieutenant *Long*. Elle se composait des deux officiers *Duvivier* et *Demol*, et de MM. Detiège, Moriamé et Moray. Partie de Rotterdam le 3 avril 1892, elle prit comme la précédente la route orientale par Zanzibar et Tabora, mais sa marche fut retardée par les hostilités des Arabes soulevés contre les Allemands.

IV. Enfin, la quatrième expédition, dite de *secours* et appelée par le capitaine Jacques, qui réclamait surtout deux petits canons et des munitions, fut confiée au capitaine *Descamps* et à ses adjoints, *MM. Miot* et *Chargois*. Se dirigeant par la route du Zambèze et du lac Nyassa, elle opéra sa jonction avec

---

1. ALEXIS VRITHOFF, *adjoint des capitaines Jacques et Joubert au Tanganika*, vol. in-8° illustré de 192 pages. Bruges, Desclée.

Jacques à Abercorn, au sud du Tanganika, le 22 octobre 1893.

Il convient de noter l'intervention fortuite de l'expédition commerciale de MM. Delcommune, Didderich, Briart et Cassart, qui arrivèrent à Albertville le 23 août 1892 et prirent part au siège du boma arabe, situé dans le voisinage.

§ II. — L'expédition du capitaine Jacques.

Le départ. — L'expédition du capitaine Jacques est la plus importante de celles qui vont nous occuper dans ces pages. Nous la suivrons donc particulièrement, en y rattachant à l'occasion les faits principaux des deux expéditions qui l'ont suivie.

Ce brave officier, dont nous avons eu l'honneur de faire la connaissance, et dont les frères furent élevés dans notre établissement de Carlsbourg, est le fils du notaire Jacques de Vielsalm (Luxembourg), mais il est né à Stavelot (province de Liége) : c'était le 24 février 1858.

Son grand-oncle Théodore Jacques, mort cette année (1895). fut député au Congrès national de 1830.

Alphonse Jacques suivit la carrière des armes et fut reçu dans l'État-major comme capitaine adjoint en 1886.

Déjà dans un premier voyage il avait passé plusieurs années au Congo, lorsqu'il reçut, en 1891, la direction de l'expédition antiesclavagiste belge ([1]). Il partit de Bruxelles et se rendit d'abord à Rome, où Sa Sainteté le pape Léon XIII lui accorda la faveur d'une audience particulière. Le Saint-Père s'entretint longuement avec lui, et appréciant tout le bien qui résulterait pour la religion et la civilisation de cette campagne africaine, il bénit l'expédition belge, son commandant et ses adjoints, auxquels il envoya des souvenirs pieux.

Jacques partit le 13 mai pour Naples, où il rejoignit le sous-lieutenant Renier, Docquier et Vrithoff, arrivés avant lui, par mer, de Rotterdam.

Le 7 juin, nos quatre Belges arrivaient en bonne santé à Zanzibar.

Le 13 juillet, après avoir formé leur caravane à Bagamoyo, ils en partaient pour s'enfoncer dans l'intérieur.

---

1. Les détails de ce chapitre sont puisés dans le *Mouvement antiesclavagiste*, publié à Bruxelles par le comité de l'Œuvre.

Laissons notre capitaine raconter lui-même son voyage par terre.

De Bagamoyo à Mpoua-poua « Ma caravane, dit-il, comportait cinq cents pagazis (porteurs) et cent askaris (soldats), dont soixante Wangwanas et quarante Ounyamouésis. A ce nombre, il faut ajouter sept cent cinquante pagazis (hommes, femmes et enfants) constituant la famille des premiers et transportant leurs charges personnelles. En outre, à Jangué-Jangué, j'ai été rejoint par une petite caravane en destination d'Ujiji, qui a demandé à se joindre à nous, ce qui fait qu'à Mpoua-poua, où nous sommes arrivés le 7 août, ma *safari* ne comptait pas moins de mille six cents personnes. Rien de bien remarquable à signaler dans cette première partie du voyage.

De Mpoua-poua à Tabora. — « Dans tous les villages que nous avons rencontrés, les natifs se sont montrés fort accueillants : partout nous avons trouvé des vivres en quantité suffisante et à des prix raisonnables; l'eau ne nous a manqué nulle part. Après Mpoua-poua, la troisième marche a été marquée par un incident, commun dans ces parages, paraît-il, et qui n'a heureusement pas eu de conséquences trop graves pour nous : dans le *pori* de Chounio, situé dans le Marenga-Mkali, un de mes pagazis a été tué d'un coup de lance, mais les voleurs n'ont pas eu le temps d'emporter la charge, qu'ils ont abandonnée pour s'enfuir à notre approche. Les huit marches suivantes n'ont rien présenté de saillant, si ce n'est la rencontre à chaque pas de squelettes décharnés, témoignant des ravages occasionnés dans l'Ougogo par le terrible fléau qui en a décimé les troupeaux. J'ai néanmoins constaté un surenchérissement dans le prix des vivres, mais ce n'est là, sans doute, qu'une conséquence de la pauvreté exceptionnelle des récoltes de cette année.

« Nous avons campé successivement dans les villages de Mougni, Gallou, Sanga, Ipala, Djassa, Momadédé et Ilindi, dont les chefs sont venus chaque fois m'apporter quelques menus cadeaux, que je leur ai d'ailleurs payés en étoffe, d'une valeur au moins équivalente. Nulle part, il n'a été ques-

Le capitaine Alphonse Jacques, né à Stavelot, en 1858, chef de la première expédition antiesclavagiste (1891-93). (V. p. 75.)

Le lieutenant Hodister, né à Bruxelles en 1847, mort au Congo en 1892. (V. p. 60.)

tion de *hongo* (droit de passage). Le 19 août, nous avons campé près de la rivière Polonga, dans la plaine qui suit l'agglomération de Samboubou.

Dans l'Ougogo. Attaque des indigènes.

 — « Le lendemain, j'avais décidé de camper à Mackengué, éloigné seulement de quatre lieues. La caravane cheminait paisiblement, et les pagazis marchaient l'un derrière l'autre, aussi rapprochés que le permet la longueur des *mzigos* (charges). Dans cet ordre, la caravane s'étendait sur cinq à six kilomètres.

« Les natifs, groupés en dehors de leurs tembés, nous regardaient curieusement défiler, mais sans aucune démonstration, ni hostile, ni amicale. Arrivés à mi-chemin, à trois kilomètres environ des tembés de Daboulou, des groupes assez nombreux de gens armés discutent avec animation et se placent à quelques pas et de chaque côté de la route que nous suivons; à plusieurs reprises même, ils traversent cette route en écartant les pagazis et en coupant la colonne. Sans s'émouvoir de cette singulière manœuvre, mes hommes continuent à avancer. Nous avons à peine dépassé de 300 mètres ces turbulents personnages, que l'un d'eux, interpellant les autres, s'écrie :

« Ce n'est pas bien de laisser passer les gens ainsi ! » et, sur ces paroles, les voilà tous qui se mettent à courir après nous en vociférant leur cri de guerre. Presque en même temps, des groupes également armés, parmi lesquels nous distinguons même quelques boucliers, sortent de derrière les tembés de Daboulou, où ils s'étaient dissimulés, et assaillent la colonne sur laquelle ils lancent leurs flèches et leur sagaies; les premiers groupes que nous avions primitivement dépassés, ne tardent pas à nous rejoindre et nous jettent également leurs javelines. Deux askaris sont tués à côté de moi, et trois autres sont grièvement atteints.

« C'était une attaque en règle, dirigée par six cents individus au moins, qui avaient certainement comploté d'anéantir entièrement ma caravane. Il n'y avait pas de retraite possible, ni de secours à attendre de nulle part, et, pour éviter un désastre irréparable et pour sauver notre vie, nous avons dû faire usage de nos armes.

« L'attaque ayant été repoussée, nous avons pu continuer jusqu'à Mackengué, où nous avons établi notre camp.

« La journée du lendemain a été consacrée au repos et, le 22, nous avons levé le camp sans avoir pu nous y approvisionner. Pendant toute la durée de la marche, nous avons été escortés par quelques forcenés de Mackengué et de Daboulou, qui nous ont suivis à une centaine de pas tout au plus. Pendant que nous défilions entre les tembés de Tiwé, ils ont assassiné, à cinquante mètres environ derrière moi, quatre malades qui suivaient péniblement la caravane. En tirant sur ces meurtriers, j'aurais pu les empêcher d'accomplir leurs forfaits, mais un coup de feu lâché en ce moment aurait pu être mal interprété par les gens de Tiwé, qui n'auraient pas manqué de faire cause commune avec leurs amis de Mackengué. C'est d'ailleurs ce que cherchaient ces derniers, qui auraient voulu faire subir à ma caravane le même sort qu'à une caravane d'Arabes qu'ils ont entièrement détruite, il y a quelques mois. Ils sont même restés en observation à quelques centaines de mètres du camp. La conséquence de cela, c'est que mes hommes n'ont pu acheter une once de nourriture ce jour-là.

« Le jour suivant, les habitants des tembés qui sont au pied de la montagne de Kilima-Tindé, surexcités contre nous par les obstinés individus qui sont rivés à nos pas depuis trois jours, ont tenté de s'opposer à notre passage. Ils ont tiré sur nous, et une balle a traversé la jambe d'un des nôtres. Quelques coups de feu les ont forcés à s'écarter momentanément, mais ils sont encore revenus à la charge pendant que nous gravissions la montagne et ont tué un retardataire. Nous atteignons enfin le village de Kilima-Tindé sans avoir d'autres pertes à déplorer. Le chef de Kilima-Tindé vient au-devant de moi et me fait des protestations d'amitié. Je m'empresse de mettre à profit ces bonnes dispositions pour essayer de mettre fin à ces alertes continuelles, qui coûtent journellement la vie à quelques éclopés absolument inoffensifs. A ma demande, le chef de Tindé fait surveiller par ses sujets les gens de Samboubou, Daboulou, Mackengué et Tiwé, qui sont venus prêcher la guerre contre nous.

« Nous avons traversé le Gounda Mkali sans faire de

rencontre fâcheuse, et, au sortir de ce pori, nous avons parcouru les beaux villages de l'Ounyanyembé, dont les populations se sont montrées partout aussi paisibles, prévenantes et accueillantes, que celles des confins de l'Ougogo s'étaient montrées turbulentes, tracassières et agressives.

Arrivée à Tabora.

— Le 7 septembre (58 jours après notre départ de Bagamoyo), après 48 étapes, en défalquant 10 jours de repos, la troupe fait son entrée à Tabora, où le bruit de l'affaire avec Mackengué l'avait précédée.

Seulement, cette aventure était racontée avec toute l'exagération commune aux noirs, exposant des événements dont ils n'ont même pas été témoins. Ces bruits contrarièrent le capitaine, pour le recrutement des pagazis qui devaient porter ses charges à Karéma.

En effet, toute la caravane étant à refaire à Tabora, le capitaine Jacques a dû y séjourner du 7 au 24 septembre. Il trouva d'ailleurs le lieutenant allemand Sigl, qui y a fondé un poste d'où, avec 70 hommes et une pièce de canon, il tenait en respect la population, composée d'une centaine d'Arabes et de leurs 25,000 esclaves Wangwanas et Ounyamwésis.

Mais laissons encore la parole au chef de l'expédition, en rapportant par des extraits de son journal, la suite de son voyage.

De Tabora vers Karéma. Scènes du désert.

— *Jeudi, 24 septembre.* — « Après avoir pris congé de l'officier allemand, qui nous avait invités à déjeuner, nous nous remettons gaiement en route pour la dernière partie du voyage.

Vendredi, 25. — « Départ à sept heures; beau pays, très riche et très populeux; beaucoup de verdure contrastant avec la sécheresse des sites parcourus avant Tabora, où les arbres, généralement dépourvus de leurs feuilles, rappellent les sites d'automne en Belgique.

Samedi, 26. — « Douze pagazis ont abandonné leurs charges et cinq askaris ont déserté cette nuit-ci; trois autres, malades, sont restés en arrière. Des gombozis enlèvent les charges en souffrance, et, à 7 heures, nous pouvons nous remettre en marche; terrain plat; sol sablonneux; beaucoup de manioc; du mtama, du blé, etc. A 11 h. et demie, nous établissons le camp à Toutouwo. Le thermomètre marquait 42° centigrades à 2 heures.

Mardi, 29. — « Nous venions à peine de dépasser les tembés de Mapolima, lorsque les tambours de tout calibre sont battus avec frénésie, les hochets sont agités, d'innombrables sifflets et les cris poussés par mille poitrines font retentir les airs de bruits stridents. Ce charivari assourdissant représente les honneurs du triomphe que l'on fait à des chasseurs, qui viennent précisément de rentrer après une expédition heureuse. — Ils ont tué un éléphant.

Jeudi, 1er octobre. — « Levée du camp à 5 h. et demie. Quelques bouquets d'arbres au milieu de plaines à perte de vue, bois et bois à l'horizon. En route, sur une superficie d'environ 200 hectares, nous avons vu un sanglier, huit girafes, six antilopes et deux lièvres.

Samedi, 3. — « Dans le trajet du village au mtoni d'Ougalla, que nous atteignons vers 10 heures, nous avons vu 150 antilopes de toute espèce et au moins autant de zèbres. Quel éden pour les chasseurs ! C'est aussi l'avis des lions, dont une famille a établi ici son quartier général.

« Nous n'avons pas l'embarras du choix, et nous dressons nos tentes au bord du mtoni, dont les berges ont un escarpement de 4 à 5 mètres. L'eau y stagne en beaucoup d'endroits, et à quelques places il reste des biefs de 2 à 3 mètres de profondeur, qui permettent aux hippopotames de s'y livrer à leurs nautiques ébats.

« Dans un de ces biefs, qui n'avait pas plus de 80 mètres de long sur 20 de large, il y avait au moins vingt hippopotames et plus de cent crocodiles. Commodément installés sur une des berges, nous pouvions tirer à 10 mètres sur ces cibles à éclipses. A la soirée, cinq hippopotames et cinq crocodiles étaient le ventre en l'air.

4 octobre. — « Deux hippopotames blessés mortellement hier sont surpris à terre par les pagazis, qui les poursuivent et les achèvent à coups de lance. Cela porte donc à sept le nombre des victimes. En les évaluant à 1500 kilogr. chacune, ce qui est peu, cela fait dix tonnes de viande, dont il ne restait plus de trace le soir. Quels estomacs que ceux des Ounyamwésis !

« La lune montre aujourd'hui son premier croissant: la massika (saison des pluies) commence avec le dernier quartier. La nuit, les lions se sont joints aux hyènes pour nous donner un concert. Ces instrumentistes d'un nouveau genre ont été tenus à distance par des feux continuellement entretenus, et par un boma d'abbatis rapportés, dont nous avons fait une ceinture sur le pourtour du camp.

Dimanche, 11 octobre. — « A 5 heures, les tentes sont repliées et nous voudrions nous mettre en route, de façon à avoir fait la majeure partie de l'étape quand le soleil commencera à chauffer. Mais les pagazis essaient de me jouer un tour et allèguent toutes sortes de prétextes pour avoir un jour de repos, que je refuse énergiquement. J'ai décidé que nous coucherions aujourd'hui dans le pori, et nous y camperons.

« Les hommes s'en vont en maugréant dans la direction des charges, et, tandis que je fais l'appel des askaris, une centaine de pagazis détalent à toutes jambes et se dispersent dans toutes les directions. En un clin d'œil mes askaris sont à leurs trousses et m'en ramènent une quinzaine; les autres, rappelés par leurs camarades, reviennent peu à peu ; enfin, après avoir donné aux mutins la récompense qu'ils méritaient, nous nous mettons en route ; mais cela nous a fait perdre 3 heures et nous n'arrivons qu'à deux heures à un endroit nommé Simbo où nous trouvons un peu d'eau. La chaleur a été accablante et la marche très rude, dans un pori où les buissons sont très bas et hérissés d'épines. — Nombreuses traces de buffles et d'éléphants.

Lundi, 12 octobre. — « A la soirée, une caravane venant de Karéma m'apporte une lettre. Jugez de mon émotion quand, ayant rompu le cachet et courant à la signature, je lis le nom de Joubert. Il est donc bien vivant, et la situation est loin d'être désespérée.

Vendredi, 16 octobre. — « A 5 heures, nous sommes en route. La dernière étape est longue, et le soleil promet de chauffer. Le pays est très tourmenté, et une maigre végétation a peine à se faire jour au milieu des cailloux dont le sol est couvert.

« Mais nous ne nous arrêtons point à considérer ce paysage désolé ; nos regards interrogent l'horizon. C'est le lac que nous cherchons, c'est à qui le verra le premier. Enfin, à une heure moins le quart, une longue bande bleue frangée d'argent est saluée d'une triple salve du cri traditionnel :

Hourrah Tanganika !

« Dix minutes après, à un tournant du sentier, le fort Léopold de Karéma s'offre brusquement à la vue. Je ne puis maîtriser la profonde émotion qui s'empare de tout mon être à cette vue, et mes pensées se reportent avec fierté vers les vaillants, dont l'œuvre grandiose témoigne des efforts sublimes qu'ils ont dû faire, pour planter au sein de cette sauvagerie le drapeau bleu étoilé d'or. »

Capitaine A. JACQUES.

Karéma, le 16 octobre 1891.

§ III. A Baudouinville. Le capitaine Joubert.

A Karéma, l'expédition antiesclavagiste fut reçue à bras ouverts par les missionnaires d'Alger ou Pères Blancs, qui sont à Karéma depuis que le roi Léopold leur a confié ce poste, après la cession à l'Allemagne de la rive orientale du Tanganika.

A ce moment, les barques manquaient pour la traversée du lac ; il fallut attendre huit jours. Mais, apprenant la détresse du capitaine Joubert, le commandant se hâta de lui envoyer comme lieutenant le jeune Alexis Vrithoff, qui partit aussitôt, profitant du passage du capitaine Stairs, dont l'expédition avait précédé de quelques jours celle de Jacques.

Le 30 octobre, les embarcations étant rentrées à Karéma, le commandant partit avec tout son monde et arriva enfin à *Saint-Louis de Mirumbi* (Baudouinville), station fondée par Joubert sur la rive occidentale du Tanganika, à une journée au sud de Mpala. Il lui remit les ravitaillements que le comité des Zouaves pontificaux lui avait confiés. Comme on le conçoit, l'entrevue des deux officiers fut des plus émouvantes.

Rencontre de Joubert. — « *Laus Deo !* écrit le capitaine belge, à la date du 4 novembre, *Laus Deo !*

« J'ai donc touché au but, et plus vite que vous ne l'aviez espéré. *J'ai vu le capitaine Joubert et je lui ai donné l'accolade au nom de ses amis d'Europe.* Ç'a été un des meilleurs moments de mon existence, et le capitaine était heureux. Quel brave et saint homme ! il est vraiment bien digne de l'enthousiasme qu'il a soulevé chez nous. Il est d'une modestie rare avec cela. Jamais il ne parle de lui, et c'est très difficile de lui arracher quelques mots sur ses hauts faits d'armes.

« Malgré un séjour prolongé sous les tropiques, l'ancien zouave porte allègrement ses cinquante printemps. Ses durs labeurs l'ont un tantinet voûté, et sa vue s'est un peu affaiblie. Mais ces détails n'influent en rien sur le restant de l'organisme, qui ne laisse rien à désirer. Petit, sec et nerveux, il justifie les qualités de son tempérament par une activité dévorante. J'ai été surpris et émerveillé de tout le travail que cet homme avait pu produire dans les conditions particulièrement défavorables où il s'était trouvé, continuellement inquiété par un ennemi toujours en éveil.

« **La station de Saint-Louis** est à une journée de Mpala, par 7°1' de lat. sud. Le poste est à deux kilomètres de la rive et à trois lieues environ du pic de Mirumbi, dont la cime bleuâtre se distingue nettement du rivage, mais est masquée à la vue du poste par quelques mamelons intermédiaires. Le sol est très tourmenté, et l'on y trouve difficilement une aire plane d'un peu d'étendue pour servir d'assiette à un village fortifié.

« Le capitaine Joubert a d'abord construit sur un éperon de 200 mètres de long et 60 de large environ ; bien que les huttes y fussent serrées les unes contre les autres, le boma s'est bientôt trouvé trop étroit pour contenir tout le monde qui venait se placer sous son égide. Un éperon séparé du premier par un ravin à pentes raides a été également couronné d'un solide boma, où le capitaine s'est installé avec une petite garnison. Quand je suis arrivé, le Père Van Oost, de la mission de Mpala, mettait la dernière main à une chapelle qu'ils ont érigée ensemble en juin dernier, et où le Père vient de temps en temps célébrer la messe.

« Missionnaire en même temps que soldat, le capitaine élève

chrétiennement les nombreux enfants qu'il a arrachés, *manu militari*, des mains des trafiquants, ou bien qu'il a rachetés avec les modestes ressources dont il dispose. C'est le capitaine qui leur enseigne le catéchisme, qui leur apprend à travailler et qui les soigne lorsqu'ils sont malades ou éclopés. C'est une besogne dont on ne se fait pas d'idée, et le brave homme la fait toute lui-même avec une patience et un dévouement vraiment angéliques.

« Je ne citerai qu'un cas dont j'ai été le témoin oculaire. Ainsi que j'ai déjà eu l'honneur de vous l'écrire, l'arrivée de notre expédition a dérouté les plans de Rumaliza, qui se disposait à livrer à Joubert un assaut décisif.

« Les avant-postes ennemis étaient établis dans un camp retranché à deux lieues de Saint-Louis. Dès qu'ils eurent connaissance de l'arrivée au lac des renforts que nous apportions au capitaine, ils furent pris de panique et profitèrent d'une nuit pour gagner le large. Le lendemain, les gens de Joubert trouvèrent le boma ouvert et le village abandonné ; la seule chose qu'ils en rapportèrent fut une fillette de sept à huit ans, dans un état de maigreur effrayant et entièrement enfermée dans un tchongou, grand pot en terre cuite dans lequel les natifs font cuire leurs aliments. Dans leur fuite précipitée, les misérables n'avaient pu emporter ou n'avaient pas pensé à achever cette jeune victime de leurs brutalités. C'est un petit squelette horrible à voir ; incapable de faire le moindre mouvement, il faut quelqu'un pour la mettre sur son séant et l'adosser à un mur pour qu'elle tienne en équilibre ; il faut quelqu'un pour la mettre à plat quand elle veut reposer ; il faut quelqu'un pour lui faire absorber un peu de nourriture, et, avec cela, le souffle de vie qui reste à ce fantôme est employé à geindre continuellement. Le capitaine se lève vingt fois la nuit pour la soigner, et cent fois par jour il est là penché sur elle avec des caresses, comme une mère en a pour son enfant.

« Le **Marungu** est infecté par les chasseurs d'hommes, et des villages entiers, pour échapper aux rapts et aux vexations continuelles dont ils étaient l'objet, ont entièrement abandonné leurs anciennes pénates pour goûter d'un peu de repos sous la

Le Cardinal Lavigerie, primat d'Afrique, promoteur des expéditions antiesclavagistes, mort à Alger en 1892. (V. p. 73.)

protection directe du capitaine. C'est ainsi qu'en moins de quinze mois, sept villages nouveaux se sont formés dans la plaine et que l'agglomération de Saint-Louis compte aujourd'hui 6000 âmes.

« Ce serait une force avec laquelle il y aurait à compter, si elle était armée. Malheureusement le capitaine n'a que peu d'armes à lui donner. Le manque de poudre au commencement de l'année dernière a amené beaucoup d'indigènes à se défaire de leurs fusils, que les missionnaires ont rachetés pour Joubert. Mais ce n'est pas là un armement avec lequel on pourrait tenir ; sans compter l'insuffisance du nombre, ces armes sont détériorées par un long usage. »

CHAPITRE II.

La guerre au Tanganika.

§ I. Reconnaissance de la rive occidentale.

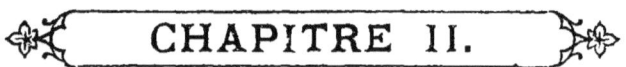**A SITUATION ARABE**. — Aussitôt arrivé à Mpala, sous le toit hospitalier des Pères Blancs, le capitaine Jacques se met en devoir de reconnaître le pays qu'il doit occuper, et spécialement de chercher un lieu favorable pour y établir une forteresse.

Le 1er décembre, il part à bord du *Yusufu* (Le Joseph), bateau de la Mission, avec 20 hommes d'équipage et une escorte de 40 hommes armés. Le R. P. Guillemé lui sert de guide et d'interprète, autant que d'aimable compagnon.

On remonte vers le nord. Baies, criques, anses se succèdent sur cette côte étrangement festonnée ; mais, par contre, des brisants en quantité et de ports point, sauf pour les embarcations à voiles.

Au point de vue politique, voici la situation :

Le troisième jour, après Mpala, on rencontre déjà les postes des Wangwanas. Le premier se trouve à deux heures de marche de chez *Rutuku*. Il est commandé par Kahengéré et installé dans un boma réputé imprenable. Kahengéré a résisté victorieusement aux assauts des hommes de Joubert, qui, paraît-il, n'avaient pas pris assez de munitions et n'avaient pu continuer le siège, faute de quelques barillets de poudre. Un peu plus haut, à l'entrée de la plaine de Kataki, est un second poste, qui opère comme son voisin. Les meurtres ne s'y comptent plus. Sur la Lukuga, il y en a un à *Mikéto* et un autre à deux jours à l'ouest, commandé par *Mouhina*.

Passé la Lukuga et la Lugomba, à deux kilomètres de cette rivière, un énorme boma est commandé par *Fundi-Bwété*, encore une créature des Arabes.

Les occupants du boma se portent en masse à la plage et courent comme des forcenés vers l'amont, comme pour devancer la barque des blancs et les provoquer à la lutte par une fantasia très expressive, où ils sont souvent mis en joue.

« Nous sommes venus, écrit le commandant, pour reconnaître le pays et non pour combattre, mais l'occasion ne se fera pas attendre, je l'espère, et je pourrai donner une leçon de bienséance à ces vilains malotrus. »

A Mtowa, sur la plage, quatre caravanes attendent depuis vingt jours des barques pour les passer à Ujiji. Ce sont des Wangwanas — huit ou dix tout au plus — qui sont venus opérer pour leurs maîtres, auxquels ils rapportent une centaine d'esclaves et dix défenses d'ivoire. Les esclaves, tous femmes et enfants, ne sont pas enchaînés : ils sont trop faibles et trop maigres pour songer à s'enfuir.

A deux kilomètres à l'intérieur, un poste fixe des Arabes est également établi dans une position fortifiée, sous le commandement d'un nommé Ali-Mouendé, qui est peut-être un des êtres les plus froidement cruels qu'il y ait sur la terre. L'expédition lui a fait part de son intention de construire un poste à Mtowa ou aux environs. Pour cela, dit-il, je ne puis pas accorder la permission (comme si on allait la lui demander !); il faudra s'adresser à Rumaliza, qui est le grand maître du pays.

Une petite parenthèse pour dire qui est Rumaliza. Les Arabes, Béloutchis, Métis, etc., portent presque tous un surnom qui les caractérise. Rumaliza est le surnom de Mohamed ben Halfan, Arabe d'Ujiji, opérant avec l'argent et les ressources qui lui sont fournis par Tippo-Tip. *Rumaliza* veut dire : *qui ravage tout, ne laisse rien après lui, exterminateur*. Un autre se fait appeler *Uturutu* : mauvais comme le sulfate de cuivre, etc.

Tous les postes énumérés jusqu'à présent sont à Rumaliza. Plus haut, on en trouve sept d'un autre Arabe d'Ujiji : Bwana Soro.

« De cette reconnaissance, voici mes conclusions, écrit le capitaine :

a) En dehors des rives de Mpala, le pays est entièrement aux mains des esclavagistes ; ils y ont pris racine en s'y établissant à demeure dans plus de quinze places, de façon à pouvoir exprimer des indigènes ce qu'ils peuvent encore en tirer. Du reste, sur cent Arabes de l'intérieur, il n'y en a pas un qui oserait s'aventurer jusqu'aux portes de Zanzibar, car il y serait immédiatement mis aux fers par la police du sultan.

b) Partout où j'irai, la guerre m'attend ; ce sera donc les armes à la main que je devrai prendre pied sur l'emplacement choisi pour établir mon poste fortifié.

c) Quel que soit cet emplacement, on souffrira de la faim. L'année 1891 a été terrible : les troubles continuels qui ont bouleversé les pauvres populations les ont empêchées de se livrer aux travaux agraires, et c'est *par milliers que les gens sont morts de faim*. La même chose se représentera cette année si je ne parviens pas à y mettre bon ordre.

Fondation du fort d'Albertville. — A la date du 12 avril 1892, le capitaine Jacques, dans son rapport à l'État du Congo, dit qu'il a établi son poste, auquel il a donné le nom d'*Albertville* en l'honneur de « notre futur roi », non à Kibanga, qui est trop au nord, ni à Mtowa, qui manque de port, mais à trois heures de marche de la Lukuga, par 6° de latitude sud (très approximativement). La place, très forte par sa situation même au sommet d'un mamelon d'une petite chaîne, qui borde le lac à six cents mètres environ et va en gradation descendante jusqu'à la Lukuga, comprend une palissade d'un développement de 200 mètres, formant une première ligne de feu ; à l'intérieur, et à un niveau plus élevé de deux mètres environ, deux habitations pour Européens et un grand tembé à toiture à l'abri de l'incendie, renfermant les marchandises et servant de caserne à une partie de la garnison. Ce tembé, avec les maisons des blancs, constitue une deuxième enceinte rectangulaire, entièrement fermée, formant réduit et donnant un étage de feu par dessus le boma.

Les troncs d'arbres, qui primitivement constituaient ce dernier, ont été remplacés par de la maçonnerie; la position, avec un blanc et cinquante hommes, sera inexpugnable.

Un potager en plein rapport donne déjà des légumes suffisants à la consommation journalière. Les terrains cultivables sont étendus et la terre excellente ; on a gagné sur les mauvaises herbes quatre hectares qui sont couverts de maïs, de manioc, de sorgho et de patates douces.

§ II. Rumaliza.

Jacques chez Rumaliza. — Sa forteresse terminée, le capitaine voulut rester fidèle à sa consigne, qui était de ne pas provoquer la guerre ; mais envisageant le danger personnifié dans le sultan d'Oudjidji, Rumaliza, il prit la résolution héroïque d'aller en négociateur trouver l'ennemi chez lui.

Voici un extrait de sa lettre du 10 août 1892, qui fait voir toute la perfidie et la cruauté des chefs esclavagistes.

« J'ai été reçu, dit le capitaine, plus que froidement, non comme un ami ou comme un étranger auquel on doit des égards, mais comme un ennemi auquel on voudrait couper le cou.

« Dans la cour du tembé (habitation) où l'on m'a fait entrer seul, à l'exclusion de mes quatre hommes d'escorte, brutalement repoussés au moment où la porte se refermait sur moi, on avait rassemblé une collection de gens choisis parmi les plus déterminés du pays ; ces gens étaient armés jusqu'aux dents et me lançaient des regards... peu engageants. — J'ai su depuis, d'une façon certaine, qu'il avait d'abord été décidé que je ne sortirais pas vivant de la cour du *tembé* où était le *barza*, et que c'est à des circonstances toutes fortuites que j'ai dû d'avoir la vie sauve. — Pendant tout le temps qu'a duré le *schaouri* (entrevue), ces canailles en guenilles agitaient leurs fusils dont ils avaient l'air de préparer les batteries, ou bien dégainaient leurs couteaux.

« Cette mise en scène avait évidemment été préparée pour

m'intimider; j'ai feint de ne pas m'en apercevoir et j'ai exposé avec calme le but de ma démarche.

« L'entrevue a duré près de trois heures : je la résume.

« Rumaliza est revenu précipitamment des environs du Muta Nzigué (lac Edward) où il opérait, parce que des courriers de plus en plus pressants le rappelaient au plus vite pour remettre de l'ordre dans son pays. Les blancs de la Lukuga, disait-on, étaient occupés à égorger tous ses enfants et avaient coupé la route de Mtowa. On m'accusait généreusement d'avoir tué dix hommes à Fundi-Bwété, quarante à Kahengéré et je ne sais combien à Ali-Mouendé.

« J'ai eu toutes les peines du monde à faire comprendre à ces gens mal disposés envers moi que rien, absolument rien dans ma conduite n'avait pu témoigner d'intentions hostiles à l'égard des Arabes ou de leurs postes, à preuve que, bien que mes instructions semblassent m'indiquer Mtowa comme emplacement pour mon poste, je ne m'y étais pas installé, afin d'éviter un conflit avec Ali-Mouendé, dont j'ai rapporté les menaces de guerre si je voulais bâtir là. J'ai seulement exécuté trois maraudeurs qui venaient d'assassiner deux inoffensifs wachenzies, et leur exécution n'était qu'un arrêt de la justice. Cette dernière déclaration a fait ricaner quelques Arabes, dont l'un, Nassor ben Rhalfan, frère de Rumaliza, m'a impertinemment demandé : « *si l'on pouvait considérer comme un crime le meurtre d'un wachenzie !* »

« Après avoir ainsi exposé ma conduite, j'ai dit à Rumaliza qu'il avait été induit en erreur par des rapports mensongers de ses nyamparas (lieutenants). D'ailleurs, si nous avons tué tant de monde, il doit en rester trace. Que Rumaliza ou ses délégués viennent donc visiter les endroits où ces prétendues hécatombes ont eu lieu.

« Ce dernier argument m'ayant paru concluant et étant resté sans réponse, j'ai exposé le but de ma visite. J'ai dit que j'étais chargé d'administrer le district du Tanganika, conformément aux lois de l'État. Aux Falls et partout ailleurs dans l'État, les Arabes vivent en bonne intelligence avec les Européens. J'espère qu'il en sera de même ici. J'ai encore protesté de la nature pacifique de mon occupation et de mon désir sincère de vivre en paix avec tout le monde. Eux aussi, ont-ils dit, désirent la paix avec le blanc. Ce à quoi j'ai répondu que je ne doutais nullement de la sincérité de leur assertion, mais que, si eux, Arabes, respectaient les blancs et les villages couverts par le drapeau de l'État, il n'en était pas de même de leurs nyamparas contre lesquels je n'avais encore reçu que des plaintes jusqu'à ce jour. Rumaliza a reconnu qu'effectivement quelques-uns de ses nyamparas n'étaient pas absolument corrects, mais qu'il n'en était pas maître comme il voudrait. En attendant, c'est lui qui leur fournit les moyens d'action et leur donne des ordres. Il a ajouté qu'il allait encore les rappeler à leurs devoirs et que s'il n'était pas obéi il me préviendrait et que... nous unirions nos forces pour les soumettre.

« J'ai dû me contenter de cette réponse.

« Une seule réflexion à méditer par ceux qui persistent à affirmer que l'on peut entièrement s'abandonner à la bonne foi des Arabes : *c'était précisément le jour même où avait lieu ce pacifique schaouri*, que les bandes que Rumaliza avait fait venir du Manyéma, commençaient leurs exploits dans nos environs. S'ils avaient été sincères ils auraient pu me prévenir de ce qui m'attendait à mon retour, — et en présence de mes déclarations et de leurs protestations, ils auraient pu... décommander les violons. Ou bien plus simplement, ils auraient pu me prévenir et regretter d'avoir été si vite en besogne. Mais ils s'en sont bien gardés, les coquins ; ils se croyaient trop sûrs du succès et espéraient bien que je ne reverrais pas Albertville. »

§ III. A Albertville.

Les hostilités. — Le lendemain de sa visite à Rumaliza, — bien que le vent fût contraire, — Jacques fit lever l'ancre vers midi ; il avait hâte de quitter cet endroit inhospitalier et malsain. L'attitude agressive des habitants l'avait contraint de retenir ses hommes à la rive pour éviter toute occasion de conflit, qui eût éclaté s'il leur avait permis d'aller au marché de la ville d'Oudjidji, dont il fait le plus triste tableau.

Rentrée à Albertville, la troupe de Jacques eut bientôt à combattre les perfides Arabes, qui venaient d'anéantir la florissante mission des Pères Blancs à Kibanga.

Nous n'entrerons pas ici dans les détails, que nos lecteurs peuvent lire dans « *Alexis Vrithoff* », ainsi que les glorieux exploits de cet enfant de Namur, placé dès son arrivée comme adjoint du capitaine Joubert. On sait qu'il trouva une mort héroïque dans le combat de Mouny, où son ardeur juvénile lui avait fait trop mépriser le danger.

Coup sur coup les Arabes tombent à l'improviste sur les villages environnant *Albertville*, et les malheureux noirs viennent par milliers se réfugier sous les murs du boma des blancs. Enfin une bande plus nombreuse fait son apparition à Mtowa et dans les environs de la Lukuga, faisant une nouvelle rafle d'esclaves. Les « canailles » construisent des bomas dans les environs de l'ancienne position de Mouny et près de Mtowa, et provoquent Jacques à la lutte. Mais celui-ci doit se borner à rester sur la défensive et il lui faut prendre des mesures pour parer à la cuisante famine qui se prépare.

Voilà donc les blancs prisonniers dans Albertville, s'ils ne parviennent à déloger l'ennemi. Des efforts sont tentés, grâce à l'appui des chefs nègres amis, et à l'arrivée très opportune de l'expédition belge du Katanga, dirigée par Alexandre Delcommune.

Arrivée de Delcommune. — « Enfin le 24 août 1893, écrit M. Jacques, dans l'après-midi, nous apercevons des voiles à l'horizon ; ce sont les renforts qui nous arrivent, et quelle n'est pas notre joie quand nous voyons débarquer, avec le capitaine *Joubert*, le commandant de l'expédition du Katanga, M. *Delcommune*, et deux de ses adjoints, l'ingénieur *Diderrich*, et le sergent *Cassart*.

Nos compatriotes ont dans leur programme l'exploration de la contrée troublée que nous occupons : *la Providence les amène juste à ce point* de leur itinéraire et dans les circonstances que vous savez. Apprenant le péril où nous sommes, d'un élan généreux et spontané, ces braves m'apportent l'inestimable concours de leurs personnes.

« Le 25, dans la soirée, je renvoie les barques prendre chez Rutuku 200 hommes du capitaine, qui ont gagné ce point par la voie de terre. Le 26, la concentration de nos forces est terminée.

J'ai près de 250 hommes, dont les deux tiers sont armés de fusils à cartouches. Mon plan d'attaque est dressé et l'assaut décidé pour le lendemain.

« M. Delcommune, avec quelques bons tireurs, doit assurer la défense du fort. Le capitaine Joubert, secondé par M. Diderrich avec 150 hommes, doit entamer l'action et attirer l'ennemi de son côté, tandis que moi-même, avec mes adjoints et le sergent Cassart, ayant contourné la position, nous comptons nous jeter sur le boma dégarni d'une partie de ses défenseurs.

Siège du boma arabe. Échec.

— « Au petit jour, chacun était à son poste, et un peu avant six heures l'action commençait. L'ennemi s'est tenu prudemment dans des tranchées profondes, creusées immédiatement derrière de solides palissades, où il était presque entièrement à l'abri de notre vue et de nos coups. De tous les côtés, nos hommes se sont résolûment rués sur cette haie meurtrière sans parvenir à l'ébranler. L'occupant était fort et abondamment pourvu de cartouches, de balles et de poudre. Nous l'avons cerné douze heures durant, mais à la tombée du jour, alors même que les défenseurs, qui devaient être épuisés au moins autant que nous, et presque à court de munitions, cherchaient une issue pour gagner les champs, *un coup malheureux blessant un de mes nyamparas, jette la panique* dans les rangs de nos soldats, dont beaucoup voyaient le feu pour la première fois. Tous nos efforts pour les retenir sont stériles, ils restent sourds à nos appels et presque tous, abandonnant la partie, regagnent le poste dans une fuite désordonnée.

« Le brave Joubert est parvenu à retenir près de lui une poignée de fidèles. De notre côté, nous avons un petit noyau d'hommes résolus; mais les *cartouches manquent* et nous sommes bientôt contraints d'abandonner à notre tour le théâtre de l'action. C'est le cœur serré que nous regagnons Albertville.

« L'ennemi ne s'est pas rendu immédiatement compte de notre mouvement de retraite, de sorte que nous n'avons eu qu'à nous garer des coups de nos propres hommes qui, affolés et sans voir, brûlaient leurs dernières cartouches.

« Tous les Européens, sans exception, se sont admirablement

Zanguebar. — Vue de Bagamoyo, d'après un dessin du R. P. Le Roy. (V. p. 76.)

comportés et je me plais à rendre ici un public hommage au courage, au sang-froid et à la fermeté qu'ils ont montrés dans cette dure journée. Je n'aurai jamais de meilleurs auxiliaires. Il n'en est malheureusement pas de même de nos askaris. Soldats d'un jour et ne brillant pas toujours précisément par la bravoure, ils se groupent souvent autour d'un chef de file reconnu comme plus ou moins déterminé ; ce dernier étant frappé ou venant à faillir, c'est la déroute pour tous.

« Jusqu'à ce jour, outre que le cadre d'instruction nous fait défaut, nous n'avons guère eu le loisir d'exercer nos hommes ni de leur inculquer, par la discipline militaire, un peu de cette cohésion, de cette confiance qui naît du coude à coude et qui permettrait de tenir campagne avec chances de succès, tout en ne disposant pourtant que d'éléments médiocres.

« L'ennemi, avec ses fusils à cartouches de divers systèmes et ses gros fusils éléphant, avait fait assez de vides dans nos rangs. Nous avons pu enlever nos morts et ramener nos blessés. Comme toujours, ce sont nos meilleurs hommes qui ont été frappés, et la consternation était assez grande. La confiance en eux-mêmes faisait défaut à nos hommes, et nous n'avons pu songer à les reconduire à l'attaque le lendemain de cette journée ; la consommation de cartouches avait d'ailleurs été si grande qu'il ne m'en restait plus assez pour maintenir la lutte pendant trois heures aux mêmes conditions que la veille, et, en cas d'insuccès, je n'avais plus de quoi me défendre dans le fort.

« La caravane du lieutenant Long, dont vous m'annoncez l'envoi, arrivera bien à propos, surtout si elle apporte des cartouches. Mais je ne pourrai que me maintenir dans ma position, je l'espère du moins. J'ai fait évacuer le plus possible de wachenzies sur Mpala et le Marungu ; là du moins, ils pourront un peu cultiver.

« *Ici, la famine est affreuse ;* mes bateaux sont toujours en route et suffisent à peine à assurer le vivre à mon personnel. Les provisions s'épuisent vite, et j'aurai toutes les peines du monde à trouver de quoi nourrir nos gens jusqu'à l'arrivée des premières récoltes (février). Ici même, je n'entrevois pas la possibilité pour nous de cultiver, aussi longtemps que nous aurons l'ennemi à nos portes.

Un canon, s'il vous plaît ! — « Pour déloger les Arabes, il n'y a qu'un moyen : c'est *le canon*. Je ne puis plus *rien tenter* avant que vous ne m'ayez muni de cet élément indispensable de succès. J'ai sainement apprécié la situation quand je vous ai demandé de l'artillerie. J'espère que nous serons bientôt en possession des pièces en question. Ce qui est à redouter, c'est que les Arabes ne viennent en plus grand nombre encore et, appuyés sur leur boma, faire le blocus de notre forteresse. Albertville une fois pris, ce serait la ruine inévitable de l'Urua, du Marungu et de tout ce qui tient encore un peu sur le Tanganika.

« *J'aurais aujourd'hui en ma possession un canon comme ceux de l'État et trois obus seulement : il ne me faudrait pas une heure pour anéantir le travail des Wangwanas, et ceux-ci ne s'aventureraient plus jamais sur cette rive de la Lukuga.* »

A. JACQUES.

Un mois plus tard (23 octobre 1892), le capitaine insiste pour qu'on lui envoie des canons.

« *Ménager les traitants arabes serait un crime*, écrit-il.

« Ici, au Tanganika, nous sommes à même de juger leurs exploits. Leurs bandes ont dévasté tout le Lubemba, dépeuplé la presqu'île d'Ougouari, et, depuis que nous sommes ici, ils bloquent les Pères Blancs du cardinal Lavigerie à Kibanga. Ils ont exterminé des milliers de Wanguwas et de Waroros (indigènes).

« Les Arabes sont amplement approvisionnés de poudre dans leurs forts. Ils sont à même de nous tenir en échec le plus longtemps. L'Acte de Bruxelles, qui défend la vente de munitions aux esclavagistes, est-il donc une lettre morte ?

« Au moment de vous écrire (il est onze heures et demie du soir), les sentinelles des troupes qui nous assiègent semblent nous dire : « Essayez de nous déloger ! Nous avons plus de poudre que vous. »

Si vis pacem, para bellum.

« *Un seul canon* me permettrait de finir la guerre. Il ne me faudrait pas trois obus pour culbuter tous les *bomas* dans le

Lukuga. Sans canon, sans ce précieux auxiliaire, redoutez une deuxième édition des Stanley-Falls.

« Enfin, même dussiez-vous me traiter de rasoir, attendez-vous à m'entendre souvent vous crier : « *Delenda Carthago ! Pelekoni m'zinga. Envoyez-moi des canons.* »

« Soyez assurés de tout mon dévouement.

« Cap. Jacques. »

L'émotion en Belgique. — A des appels aussi pressants et aussi motivés, la patrie belge devait répondre par un envoi de secours à ses enfants en détresse au centre de l'Afrique.

La Société antiesclavagiste de Bruxelles ouvrit une souscription, qui se couvrit de toutes parts de signatures. Le roi donna l'exemple en offrant 10,000 francs ; les évêques, les sénateurs, les députés, les dignitaires de tout ordre, les Sociétés, les congrégations religieuses, les écoles, le peuple enfin, tous offrirent leur nom et leur argent. Aussi bien s'agissait-il de trouver 200,000 francs pour une quatrième expédition, qui en effet s'organisa sans retard.

Mise sous la direction du capitaine Descamps, ayant pour adjoints MM. Miot et Chargois, cette expédition emmena, outre les deux canons réclamés par Jacques, une centaine de fusils et 25,000 cartouches, qu'envoyait au capitaine Joubert le Comité des Zouaves pontificaux.

Partie de Londres, à bord de l'*Inyoni*, le 13 avril 1893, elle prit par l'Atlantique et le Cap, la route du Zambèze, celle par Zanzibar étant infestée de brigands ; mais il lui fallut cinq mois avant qu'elle n'arrivât au Tanganika.

CHAPITRE III.

Victoires sur les esclavagistes.

§ 1. Arrivée de Duvivier.

CEPENDANT le lieutenant Duvivier, qui s'était détaché à Tabora de l'expédition Long, retenue par la pénurie de porteurs, avait opéré sa jonction avec Jacques et lui apportait des ravitaillements. Celui-ci, qui ne demeurait pas inactif, envoya un ultimatum à

Rumaliza en lui demandant réponse avant le 21 janvier (1893).

De plus, confiant le poste d'Albertville à MM. Duvivier et Detiège, il traversa le lac et se porta à la rencontre de M. Long, dont l'arrivée à Karéma était imminente. Il avait, en outre, à s'occuper du recrutement de quelques centaines de Rougas-Rougas, ce qui lui permettrait une action rapide, s'il ne recevait pas pour le 21 janvier une réponse favorable à l'ultimatum qu'il avait posé à Rumaliza.

Il eut vite acquis la conviction qu'il se trouvait dans la nécessité d'ouvrir lui-même la campagne sérieusement pour débarrasser le pays de ses exploiteurs éhontés ; il ne lui faudrait pas huit jours, dit-il, pour recruter une bande de 500 hommes déterminés et qui se battraient d'autant plus volontiers contre les Arabes, qu'ils ont eu à souffrir de leurs exactions.

C'est avec cette pensée rassurante que Jacques avait repris le chemin du poste ; en route, il apprit l'heureuse nouvelle suivante :

Albertville débloqué. Arabes en fuite. — Voici le récit des événements tels qu'ils se sont passés d'après le rapport de M. Duvivier, qui avait le commandement du poste en l'absence du capitaine.

« Le 1er janvier, au point du jour, une certaine agitation se remarque aux environs du boma ennemi, dont les occupants ne se montraient plus guère depuis quelque temps. Nous savions par des transfuges que la famine se faisait sentir chez eux plus cruellement encore que chez nous. Les gens de Toka-Toka menaçaient de l'abandonner, et ce dernier avait même demandé plusieurs fois à Rumaliza l'autorisation de lever le siège.

« Le moment était peut-être venu de hâter cette détermination, et j'estimai qu'une sortie achèverait l'œuvre démoralisatrice, commencée par la famine et la ténacité de notre résistance. C'est pourquoi j'envoyai un détachement sous les ordres de M. Docquier, pour faire une reconnaissance aux environs du boma ennemi. Laissant M. Detiège à la garde du poste, je me mis bientôt moi-même en route pour appuyer le mouvement de Docquier, mais ce dernier avait été de l'avant et était assez près de la position ennemie, lorsqu'il dirigea contre elle une fusillade très vive, mais de courte durée.

« Le boma était dégarni, et ceux qui étaient restés pour le défendre, furent pris d'une telle panique, en présence de l'attaque inopinée de nos gens, qu'ils sortaient par une porte du boma tandis que Docquier et les siens pénétraient par la porte opposée.

« Pendant que Docquier livrait son assaut, je m'étais rapproché avec la réserve, mais il ne fut pas nécessaire de la faire entrer en ligne ; l'ennemi était en déroute, et la faiblesse de notre effectif ne nous permettait pas de songer à la poursuite. Nous étions maîtres de la position ; c'était là l'essentiel.

« Laissant Docquier dans la place, je rentrai à Albertville pour lui envoyer tout le personnel disponible avec des haches et des houes, afin de détruire de fond en comble le repaire des brigands, qui nous avaient nargués et inquiétés pendant quatre longs mois.

« Quand Docquier rentra au poste, vers trois heures de l'après-midi, malgré une forte pluie, le vaste boma flambait de toutes parts, et ainsi s'évanouissaient en fumée les rêves homicides de ceux qui s'étaient trop prématurément partagé nos dépouilles.   « Lieutenant DUVIVIER. »

Le capitaine Jacques, heureux d'un pareil événement, envoya par Zanzibar la fameuse dépêche suivante, qui mit plus de six mois pour arriver à la côte et parvenir en Europe.

Zanzibar, 5 juillet.

« **Victoire !** — *Les esclavagistes en fuite repassent la Lu-*
« *kuga* — avons détruit leur boma. Envoyez néanmoins
« artillerie.   « Capitaine JACQUES. »

Cette heureuse nouvelle mit fin en Europe aux inquiétudes des familles de nos vaillants agents, et fit prévoir la ruine de la puissance des traitants sur les rives du Tanganika. Mais on n'en était pas encore à ce dernier point.

Pourquoi Toka-Toka est en fuite. — Le 10 février, le capitaine, en envoyant à Bruxelles le rapport de Duvivier, ajoute les détails ci-après :

« Messieurs. — Ainsi que vous l'avez déjà appris par ma dépêche du 10 janvier, Albertville est débloqué. C'est un gros événement qui porte un coup terrible à l'influence arabe dans nos parages. Les bandits ameutés contre nous par Rumaliza se répandaient dans notre plaine, il y a cinq mois, et se flattaient de nous contraindre bientôt à la retraite. Ils ont tout fait pour arriver à leur but. Après avoir commis toutes sortes d'horreurs pour terroriser et affamer les pauvres Wachenzies, voilà qu'ils succombent eux-mêmes, victimes de leur infâme besogne. Ils avaient espéré que les natifs nous auraient abandonnés pour retourner auprès de leurs oppresseurs, mais les noirs n'avaient pas encore oublié les mauvais traitements qu'ils ont eu à subir et les tortures qu'ils auraient encore à endurer par le fait de ces bons Arabes. (Il n'y a qu'en Europe que certains intéressés entretiennent encore des illusions à cet égard.) Ils ont préféré un peu souffrir avec nous, et se sont montrés fermes dans la résistance.

« Les Wangwanas ont cru nous prendre par la faim ; ils ont ravagé toutes les cultures à plusieurs jours à la ronde. Ils ne pourraient donc plus vivre sur le pays, comme c'est leur habitude ; or, comme la résistance s'est prolongée au delà de leurs prévisions, ils ont dû faire venir de loin, de chez leurs congénères, les vivres pour l'entretien de leur forte garnison. Seulement comme ces gens-là sont trop fainéants pour se livrer aux travaux champêtres, ce qu'ils ont de cultures est insignifiant et en peu de temps tout a été épuisé. Aussi, dès le mois de novembre, avaient-ils perdu beaucoup de leur jactance ; ils se demandaient déjà s'ils n'avaient pas vendu un peu trop tôt la peau de l'ours, et ceux qui s'étaient flattés de renouveler leur garde-robe en puisant dans nos magasins, entrevoyaient l'attristante perspective de continuer longtemps encore à courir dans le costume de nos primitifs parents.

« Toka-Toka, l'invincible Toka-Toka, qui était si fier d'avoir jadis « battu » les blancs des Falls, comme il le criait bien haut, avait cru que la seule vue de sa vilaine tête de marron sculpté aurait suffi pour nous méduser ; comme la bonne qui dit à son bébé, « si tu es sage, je te rapporterai du nanan ! » il avait promis à son vieux copain de Rumaliza, les têtes des blancs de la Lukuga ! Voyez-vous cela ? peu dégoûté le gaillard !

« Aujourd'hui, grâces à Dieu, justice est faite. Décimés par la famine qu'ils avaient provoquée eux-mêmes, après avoir reçu des horions là où ils avaient cru qu'il n'y avait qu'à piller, ils ont été contraints d'abandonner piteusement la partie. Aujourd'hui, ils ont mis une distance raisonnable entre nous et leurs peu estimables personnes.

« Nous n'entendrons plus d'ici longtemps, espérons-le, les fleurs de rhétorique dont ils pimentaient leurs ordurières fanfaronnades.

Rumaliza embarrassé. — « Le 29 janvier, la barque de Kilanga m'apporte la réponse de Rumaliza à ma demande d'explications.

« A l'heure où le chef d'Udjiji envoyait ce message, il ignorait encore la buse que ses gens étaient venus chercher chez nous, et le ton de la lettre s'en ressent. Rumaliza oublie de me dire pourquoi il a recommencé les hostilités au lieu de m'envoyer un parlementaire. Il dit, ce qui n'est pas vrai, qu'il m'avait prévenu que j'aurais la guerre à la Lukuga, et que j'aurais dû retourner à Udjiji pour l'informer de la conduite de ses nyamparas.

« Lui, Rumaliza, reste tranquillement chez lui, ajoute-t-il, et ne fait la guerre à personne (quel mouton !) ; il m'a cédé le pays pour rien et il ne veut pas s'occuper de mes affaires ; je n'ai qu'à me débrouiller tout seul.

« Ce pauvre Rumaliza, son étoile a bien pâli ; l'année 1892 fera certes époque dans son existence, il n'a que des échecs à enregistrer ; que de razzias il va devoir faire pour regagner l'argent perdu dans ses campagnes malheureuses !

« Je crois qu'à l'heure actuelle, si Mohamed-ben-Khalfan (Rumaliza) disposait d'un ballon, il en profiterait pour transporter vers des régions moins ingrates, sa gloire, ses vaniteuses prétentions et surtout les malédictions des milliers de pauvres hères, rendus orphelins et souffreteux par ce que certains Européens désignent sous les noms de colonisation et civilisation arabes. »

« Le capitaine commandant,

« JACQUES. »

§ II. — Arrivée du capitaine Descamps.

Pour comble de bonheur, l'expédition Descamps arrivait à bon terme. Après avoir remonté le Chiré et le lac Nyassa, elle quittait Muenzo, sur la route Stephenson, le 14 septembre 1893, et parvenait le 17 à la mission de *Mambwé*, dirigée par un Belge, le R. P. Van Oost, des Pères Blancs, qui fit le plus cordial accueil à ses compatriotes.

Le 18, le capitaine Descamps comptait reprendre sa marche, mais ses porteurs, recrutés dans la contrée, ayant appris l'attaque de leurs villages par des Rougas-Rougas, l'abandonnèrent en masse. Grâce au concours dévoué que lui prêta le R. P. Van Oost, le capitaine parvint à décider un certain nombre de porteurs à poursuivre la route; accompagné de M. Miot, il quitta Mambwé, y laissant M. Chargois avec le restant des charges.

Le capitaine Descamps arriva à Abercorn, le 22, et il y rencontra le capitaine Jacques qui l'attendait depuis dix jours. Le 25, il retournait sur ses pas pour aller prendre les deux canons qui étaient restés à Mambwé sous la garde de M. Chargois; le 29, il y arrivait.

Pendant ce temps, le capitaine Jacques organisait le transport des charges à Moliro (à la limite de l'État indépendant, sur la rive occidentale du Tanganika), poste de la Société antiesclavagiste, où étaient installés MM. Duvivier et Demol.

Le 30 septembre, le capitaine Descamps quittait Mambwé avec les deux canons et arrivait, le 6 octobre, à Abercorn (Kituta). Les plus grosses difficultés, pour le transport des deux pièces d'artillerie, ont été rencontrées entre Mambwé et Abercorn; malgré cela, ces dernières sont arrivées en bon état, grâce à la solidité de leurs affûts.

Aucune charge n'a été perdue pendant le trajet de Maronga à Abercorn, ce qui constitue un résultat inespéré, et pour lequel le capitaine Descamps et ses adjoints méritent les plus grands éloges.

Arrivée des deux canons. — « C'est par une voie détournée, écrit M. Jacques le 23 novembre, que j'ai appris que

Capitaine Descamps, chef de la 4ᵉ expédition antiesclavagiste. (V. p. 106.)

Lieutenant Long, chef de la 3ᶜ expédition antiesclavagiste. (V. p. 101.)

nous allions recevoir les canons qui étaient offerts par le Comité liégeois de la Société antiesclavagiste. J'attendais l'arrivée de la caravane au Tanganika vers la mi-juillet et j'avais maintenu sur pied de guerre un effectif assez fort pour entrer immédiatement en campagne, car nous comptons bien, grâce à nos Nordenfeld, contribuer à mener à bonne fin la campagne que l'État a si bien commencée contre les Arabes.

« C'est le 6 octobre seulement que les canons sont arrivés à Kituta. Le 4 novembre, dans la matinée, les deux pièces faisaient leur entrée à Albertville. Une ovation enthousiaste fut faite aux nouveaux arrivants.

« Nous avions tant parlé des fameux *mzinga* et de leurs effets foudroyants, qu'ils étaient devenus l'objet de toutes les conversations particulières. On ne s'abordait plus qu'en se demandant : « *mzinga wapi* » — « eh bien ! où sont-ils donc les canons ? » Aussi est-on venu d'un peu partout contempler avec un respect mêlé de crainte ces deux noirs morceaux d'acier, si sévères d'aspect et dont la voix retentissante chantera bientôt la rédemption des noirs et dispersera les Arabes assassins, qui depuis trop longtemps rougissent la terre d'Afrique de leurs homicides exploits.

« Les canons arrivent donc juste au moment où, ayant rempli les clauses de notre contrat, nous avions le droit de reprendre le chemin de notre chère patrie, où nous serions si heureux de revoir des parents chéris et tant d'amis dévoués. Mais tenez-le pour certain, chacun de nous a senti dans son cœur qu'à côté de l'amour filial, il fallait placer le sentiment du devoir.

« Tout comme moi, mes adjoints ont senti que nous ne pouvions rentrer en Belgique avec un vide dans nos rangs, et sans avoir eu la satisfaction d'infliger aux malandrins qui ont tué Vrithoff le châtiment qu'ils méritent. Voilà pourquoi nous entrons en campagne aujourd'hui (23 novembre), en nous mettant à la poursuite de *Rumaliza*, qui vient de partir pour le Manyéma. »

Voici la raison de cette invasion :

Rumaliza apprit que les Allemands avaient l'intention d'occuper Udjiji. Immédiatement, il s'y fortifie : mais un beau jour, on lui rapporte que le capitaine allemand Sigl est à trois jours de la capitale arabe. Une barque en réparation se trouvait au port : Rumaliza y saute et gagne ainsi le Manyéma, *après avoir déchiré le pavillon germanique.*

Une fois sur le territoire congolais, le chef arabe tint le raisonnement suivant : « *Je ne puis plus retourner à Udjiji, à cause de l'affaire du drapeau; je ne puis pas retourner à la côte, car on pourrait me demander des explications à propos de la mort de Vrithoff* (notre malheureux compatriote, tué au combat de la Lukuga). *Donc, il ne me reste plus comme refuge que le Manyéma; je suis bien décidé à y combattre les Belges jusqu'à la dernière goutte de mon sang.* »

§ III. Jonction des trois expéditions.

Arrivée du lieutenant Long. — *Programme.* Enfin, après bien des difficultés à Tabora, pour trouver des porteurs, le commandant Long put rejoindre le commandant Jacques avec son adjoint Demol, vers le 5 janvier 1893.

On sait que Duvivier avait pris les devants.

Ainsi par la réunion des troupes des trois expéditions: Long, Descamps et Jacques, les forces antiesclavagistes étaient au complet.

Avant de transmettre ses pouvoirs au capitaine Descamps, désigné pour lui succéder, le commandant Jacques dressa son *programme d'opérations.*

« Les journaux d'Europe m'ont appris, dit-il, les succès de mon ami Tobback aux Falls, l'occupation de Kassongo par Dhanis et la défection de Gongo Luteté, allié de ce dernier. Pour mieux me renseigner, j'ai envoyé *trente* courriers à Dhanis; pas un n'a réussi à atteindre Kassongo, qui se trouve à quinze jours seulement de marche d'ici.

« Dhanis est peut-être dans une situation critique par suite de la défection de son principal allié, de l'entrée en ligne de Rumaliza et des débris des bandes des Falls. Ce sont là des raisons suffisantes pour justifier la déclaration de guerre que j'ai envoyée à Rumaliza.

« Mon programme comportait donc : occuper effectivement les territoires situés au sud de la Lukuga et les soustraire aux incursions des bandes esclavagistes.

« Nous avons été plus loin. Nous avons refoulé ces dernières jusqu'aux environs de Kibanga. Il ne reste plus qu'à délivrer le pays de la présence de Mouhina, un chef arabe qui occupe un boma à trois jours d'Albertville, sur la Lukuga, et qui envoie ses gens razzier, tant dans l'Ougoma que dans l'Ouroua.

« Nous marcherons ensuite à la rencontre de Dhanis. Les capitaines Descamps et Long et le sous-lieutenant Docquier m'accompagneront ; MM. Moray, Chargois et Miot garderont Albertville, tandis que les lieutenants Renier et Duvivier resteront dans les postes qu'ils occupent respectivement dans l'Ouroua et à Moliro.

« Nous ne sommes pas restés inactifs depuis que je vous ai écrit. Un poste a été fondé à Moliro, au sud du Tanganika, à la limite de l'État indépendant du Congo ; M. Duvivier, secondé par M. Demol, y a élevé un fort joli boma. Un autre poste a été créé dans l'Ouroua, chez Kassanga ; le lieutenant Renier, qui a élevé cette position, l'a baptisée du nom de « *Fort Clémentine* ». Enfin, Albertville, dont j'ai été absent pendant trois mois, consacrés à des expéditions dans le Sud, Albertville, dis-je, m'est reparue transformée et embellie. MM. Long et Docquier ont construit dans la cour du fort une immense habitation en briques cuites, de l'effet le plus superbe, et qui pourra affronter les intempéries pendant bien des saisons.

« Nous avons construit des barques que l'on arme maintenant pour la navigation à voiles. »

Victoire sur Mouhina. Occupation de Mtowa. — A peine en possession de ses canons, le capitaine Jacques entreprit une expédition contre Mouhina, ce lieutenant de Rumaliza qui était solidement établi dans un superbe et vaste boma, à quelques jours de marche d'Albertville. La position qu'il occupait, à cheval sur la route du Manyéma à Mtowa, commandait ou plutôt protégeait la bifurcation qui mène au nord du lac, et était le seul point d'appui de Rumaliza dans ces parages. Cette place une fois prise, la ligne de retraite des Arabes était compromise ; c'était le meilleur moyen de coopérer d'une façon efficace à l'action de nos compatriotes du Manyéma.

Il fallait punir Mouhina de la part très active qu'il avait

prise au blocus d'Albertville, et qui compromettait son existence au point de vue du ravitaillement, par ses incursions incessantes dans les environs.

Le 6 janvier, à huit heures du matin, les Belges se trouvaient en face de la position ennemie avec un canon. Les avant-postes arabes s'étaient repliés devant eux les jours précédents, n'essayant pas même de disputer le passage des différents cours d'eau rencontrés. Toutes les forces étaient concentrées dans le boma ; les Arabes, bien abrités, nourrissaient l'espoir d'anéantir leurs adversaires et attendaient avec confiance qu'ils allassent se jeter sur leurs créneaux meurtriers.

Instruit par l'expérience, muni d'artillerie, Jacques était décidé à enlever la position sans perdre un seul homme.

A 450 mètres du boma, le *Nordenfeld* fut mis en batterie ; pas un projectile ne fut perdu.

Cependant, l'ennemi tint bon pendant toute la journée, et ce n'est que vers sept heures du soir que les Belges entraient victorieux dans le boma.

En raison de l'importance du poste, le capitaine Long y fut installé d'une façon définitive, avec M. Chargois comme adjoint ; un canon leur fut laissé.

La défaite de Mouhina eut pour conséquence la prise de Mtowa, dont l'importance est suffisamment connue ; une garnison y fut immédiatement envoyée.

Quant à Rumaliza, on apprit qu'il s'était retiré avec les débris de ses bandes dans le nord du Tanganika, aux environs de Kibanga. Depuis longtemps il s'efforçait de s'implanter dans cette région.

Avant de quitter le lac, on apprit aussi la mort d'un autre de ses lieutenants, *Toka-Toka*, celui qui commandait le boma élevé vis-à-vis d'Albertville, et qui a été tué par un de nos alliés, Pindé, le chef de la presqu'île d'Ubwari.

C'est après ce brillant fait d'armes que le commandant Jacques décida son départ du Tanganika. Mais avant de parler de son voyage de retour, anticipons pour raconter la suite des opérations militaires dirigées par son successeur.

§ IV. Le capitaine Descamps.

Jonction des expéditions Descamps et Dhanis. — Le capitaine Descamps, ainsi qu'il avait été convenu avec le capitaine Jacques, quitta Albertville le 8 février 1893 pour marcher sur Kabambarré. Le commandement du poste fut laissé à M. Miot, assisté du docteur noir Joseph, de la mission de Mpala.

Le 10, il fit la rencontre du lieutenant de Wouters, qui était venu au-devant de lui ; le 11, il arrivait au poste de Mouhina ; le 12, il levait ce poste et poursuivait sa marche, emmenant avec lui le lieutenant Long et M. Chargois. Le 19, l'expédition atteignait le boma de Sungula, où depuis six jours était installée l'avant-garde de l'expédition Dhanis ; cette avant-garde était sous les ordres du capitaine *Lothaire*, ayant avec lui les lieutenants Hambursin et Henry, et un sous-officier. Après la *prise de Kabambarré*, une partie des forces arabes s'était réfugiée chez Sungula, mais celui-ci s'est rendu et a fait sa soumission avant qu'il n'y ait un coup de fusil de tiré.

Le 20 février, les *forces réunies de l'État* (300 fusils) et *de la Société antiesclavagiste* (200 fusils) se portaient vers le Masanzé, — où l'on supposait que Rumaliza s'était réfugié, — dans le but d'installer un poste au nord du Tanganika.

La présence de la première expédition antiesclavagiste sur les bords du lac avait eu pour résultat d'enrayer complètement le mouvement arabe au sud de la Lukuga ; l'occupation actuelle de la rive nord reculera encore le théâtre d'action des bandes esclavagistes. Mais des forces sont nécessaires pour occuper le pays et le conserver.

C'est ce que permettra d'obtenir le camp d'instruction militaire établi par le capitaine Descamps, et déjà en plein fonctionnement. Dans le courant de l'année, les forces de la Société s'élèveront à un millier d'hommes instruits, capables de marcher au combat si c'est nécessaire. Les populations groupées autour du capitaine Joubert et de la mission de Mpala fourniront deux à trois cents jeunes gens, qui passeront trois ou quatre mois au camp d'instruction ; pendant ce laps de temps, ils seront nourris, recevront une tenue et un petit salaire, et, leur instruction militaire achevée, seront renvoyés dans leurs foyers.

Le capitaine Descamps agira de même avec les indigènes moins civilisés que les précédents ; il espère discipliner ces gens peu à peu, leur donner le goût du travail et les rendre plus aptes à écouter la voix de nos excellents missionnaires.

« La campagne Dhanis a eu les plus heureux effets dans la région du Tanganika, écrit le capitaine Descamps ; si nous laissions faire les indigènes, ils massacreraient tous les étrangers; nous les en empêchons, car nous avons dans le district quantité de gens de l'Ouniamuézi et de l'Oufipa, qui sont de grands cultivateurs, d'adroits chasseurs, pouvant servir d'exemple à nos indigènes et n'ayant rien de commun avec les Arabes. »

D'après le capitaine Descamps, pour empêcher les bandes esclavagistes de pénétrer dans l'État, trois postes sont nécessaires sur le Tanganika : un au nord, un au sud et un au centre. Quant à ce dernier, l'avis du commandant des forces antiesclavagistes est que le point de *Mtowa* convient mieux que celui d'Albertville, qui n'avait été occupé que par suite des difficultés que présentait la prise de possession de Mtowa, avant la défaite des Arabes. Le grand avantage que présente Mtowa est de se trouver en face de l'*île de Kavala*, emplacement futur d'un port.

Le capitaine Descamps fait une description enthousiaste de la contrée qu'il a parcourue pour opérer sa jonction avec les forces de l'État. Il s'exprime en ces termes : « Si les rives du Tanganika, d'Abercorn à Albertville, sont d'une monotonie désespérante, nous avons trouvé un dédommagement dans l'intérieur des terres ; depuis Albertville, nous n'avons fait que descendre des pentes très douces, interrompues par quelques vallées parfois fortement encaissées ; nous n'avons jamais fait deux heures de marche sans rencontrer un clair ruisseau. La végétation est luxuriante, mais ce n'est pas la sombre forêt de Stanley.

« C'est ce que j'ai vu de plus beau en Afrique jusqu'à présent, et cependant, d'après M. de Wouters, Kassongo et Kabambarré valent encore mieux. Dans la marche effectuée le 19, nous avons rencontré des milliers et des milliers de borassus facilement remplaçables par le palmier élaïs, qui existe en grande quantité à quelque distance plus au nord. »

Le capitaine Descamps, qui a vu combien les Anglais prisent haut Blantyre et ses environs, dans le Nyassaland, termine sa lettre en déclarant que la Belgique pourra se vanter d'avoir une colonie de premier ordre ; qu'elle se hâte donc, dit-il, d'accepter le don généreux de son roi ; pareille occasion ne saurait plus se présenter.

Voici le résumé d'un courrier de cet officier, daté du boma de Bwana Solo, au nord de l'Uvira, 12 mars 1894.

Le capitaine annonce qu'il a atteint le dernier boma, élevé par Rumaliza dans la région du Tanganika, sans rencontrer de résistance sérieuse ; il n'a perdu qu'un seul homme. Il fait part de son intention de pousser vers le nord, où Rumaliza possédait un allié sérieux appelé Kinioni, établi sur la rive droite du Rusizi, à deux journées de marche au nord du lac.

D'après les derniers renseignements recueillis, Rumaliza aurait réussi à fuir dans l'Urundi, sur la côte nord allemande du lac. L'influence du chef arabe est désormais détruite, annihilée dans le district, et il est certain qu'aucune de ses créatures n'osera plus s'établir à l'ouest du Tanganika.

Le commandant des forces antiesclavagistes exprime l'avis que, pour qu'il puisse se rendre maître du lac, en attendant que l'on y jette le steamer réclamé avec tant d'instances par le cardinal Lavigerie, deux allèges en acier, du modèle de celles employées sur le Haut-Congo, lui sont absolument nécessaires.

Les communications entre Albertville et Kabambarré sont assurées par trois postes échelonnés entre ces deux points : à Kalonda, à Lambo et à Mouhina ; le premier, à proximité de Kabambarré, a été établi par les forces de l'État, les deux autres par les forces antiesclavagistes.

Outre de nombreux fusils et de la poudre, le capitaine Descamps a encore enlevé aux Arabes un certain nombre de vaches et d'ânes, ainsi qu'une belle et grande jument, en excellent état, appartenant à Rumaliza ; il l'a envoyée au baron Dhanis, qui se préparait à prendre le chemin de la patrie.

Au départ du courrier, tous les agents étaient en excellente santé ([1]).

---

1. Toutefois une dépêche de M. Demol, datée de Moliro 24 oct. 1894, annonce la mort accidentelle du lieutenant Duvivier, noyé dans le lac Moéro par le fait d'un hippopotame, qui le blessa et fit chavirer son canot. Ce brave officier avait déjà passé cinq ans en Afrique.

CHAPITRE IV.

Retour en Belgique.

§ I. — Les adieux du capitaine Jacques.

APRÈS plus de trois années d'absence, de travaux sans nombre et de succès éclatants, le capitaine Jacques et ses adjoints, Docquier et Renier (dont la santé était atteinte), avaient bien le droit de penser au retour dans la patrie. Le contrat de ses Zanzibarites étant également expiré, il s'agissait de les reconduire à Zanzibar. Le capitaine laissa donc le commandement suprême à son successeur envoyé à cette fin, le capitaine Descamps, qui opérait alors dans le nord et l'ouest.

Jacques fit, le 5 février, ses adieux à la garnison du poste d'Albertville, qu'il avait créé deux ans auparavant et qui lui était si cher.

La fête de Mpala. — Il se rendit ensuite à Mpala, où une grande fête lui fut offerte chez les Pères Blancs, comme on va le voir par l'extrait ci-après du *Journal de Mpala* (6 février 1894).

« Les membres de la première caravane antiesclavagiste, tous réunis à Mpala, assistent à la grand'messe, ainsi que M. Moray, qui retourne en Europe pour cause de santé. Après une courte instruction à nos chrétiens sur le but de la première expédition antiesclavagiste, maintenant en voie de retour pour l'Europe, le R. P. Guillemé remercie en notre nom et au nom de tous les chrétiens M. le commandant Jacques et ses adjoints des grands services qu'ils ont rendus ici, au bord du Tanganika, à la cause de la civilisation chrétienne parmi ces peuples déshérités.

« Il leur souhaite d'abondantes bénédictions pour eux et pour leurs familles, jusqu'au jour où, après nous être connus et aimés sur cette terre d'Afrique, nous nous embrasserons dans la céleste patrie.

« Les Frères, aidés de M. Docquier, avaient gracieusement

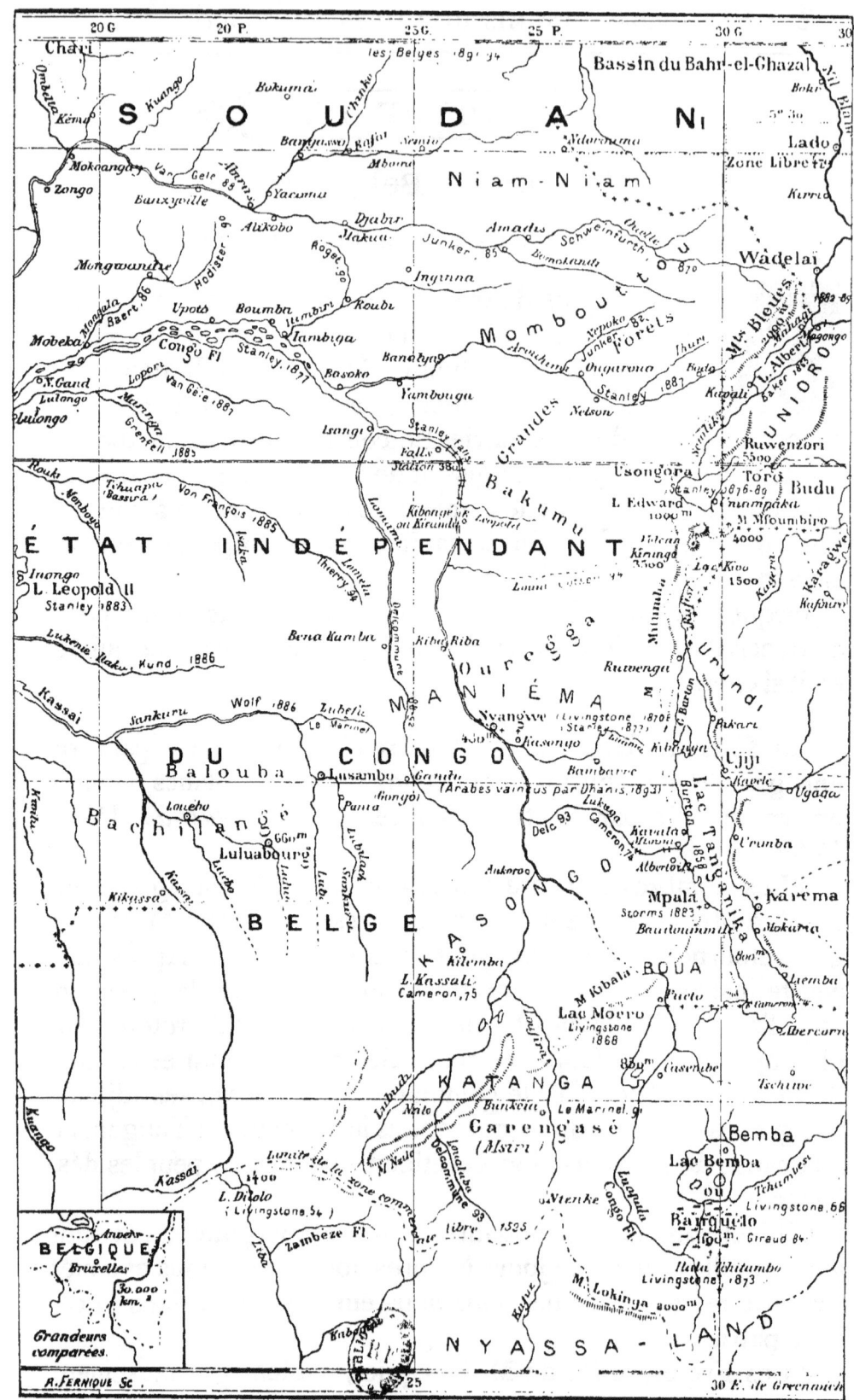

Carte du Congo oriental. Le Manyéma et le lac Tanganika, théâtre principal de la guerre contre les Arabes.

orné le réfectoire. Les drapeaux belges et congolais surmontés de la croix blanche et entourés de drap rouge, faisaient un merveilleux effet. M. Jacques entre tout surpris et peut à peine cacher l'émotion qu'il ressent à la vue de ces symboles patriotiques.

« Entre temps, le frère Stanislas réunit les enfants de l'orphelinat, leur distribue quelques vieux fusils et un peu de poudre, et tous, après une triple salve, viennent, tambour en tête, présenter leurs hommages à M. Jacques.

Maturino, un chrétien catéchiste, accompagné de deux petites filles, portant chacune un bouquet de fleurs, lit en langue swahili, le discours suivant :

« Monsieur Kaputi (Jacques). Nous, les fils du Tanganika
« et des Pères, nous tenons, avant votre retour en Europe, à
« vous offrir nos remercîments pour tout le bien que vous avez
« fait à notre nation.

« Depuis longtemps les Wangwanas, nos ennemis, ne ces-
« saient de nous maltraiter ; ils ravageaient notre pays, brû-
« laient nos villages, jetaient nos pères, mères, frères et sœurs
« dans les liens de l'esclavage pour les amener au loin et les
« vendre, comme on vend des animaux.

« Et maintenant, grâce à vous et à vos adjoints, nous voyons
« la puissance des Wangwanas baisser de plus en plus ; ils sont
« repoussés au loin, et il nous est permis de rester dans notre
« pays et de cultiver nos champs dans la joie.

« Que Dieu vous comble toujours de ses bénédictions, qu'il
« vous conserve des forces pour arriver sain et sauf dans votre
« Mpoutou (Europe), et puissiez-vous retrouver toute votre
« famille en bonne santé ! »

M. Jacques, vaincu par l'émotion, ne put retenir ses larmes. Pouvant à peine leur dire quelques mots de remercîment, il leur serra à tous affectueusement la main.

Les Frères avaient mis en commun toutes leurs connaissances culinaires pour préparer à M. Jacques un dîner digne de la circonstance.

Les toasts — c'est le dessert des dîners modernes — n'y manquaient pas.

Le R. P. Guillemé, après avoir remercié encore une fois

M. Jacques des services rendus à la mission, reçut la réponse suivante :

« Avant de prendre congé de vous, laissez-moi vous répéter encore une fois tous les souvenirs que j'emporte de la *Confrérie des Pères Blancs* et des missionnaires qui la représentent si dignement au Tanganika. Comme chef de ce district administratif, j'ai constaté avec admiration les réels progrès que vous avez fait faire dans la voie de la civilisation chrétienne aux noirs sujets de S. M. Léopold II. En visant au relèvement moral de ces pauvres populations, vous avez su, en prêchant d'exemple, et en payant d'ailleurs chacun largement de vos personnes, vous avez su, dis-je, leur inculquer le respect du maître et l'amour du travail, qui sont les éléments indispensables de toute colonisation bien entendue.

« Nous suivrons toujours avec le plus vif intérêt le travail entrepris par les missionnaires du Haut-Congo.

« Que Dieu leur conserve la santé nécessaire pour continuer et étendre leur influence bienfaisante sur toute l'Afrique équatoriale.

« La devise qui est symbolisée par l'écusson que j'ai devant les yeux doit se graver dans nos cœurs, et c'est notre suprême désir qu'elle devienne un jour une vraie actualité.

« Ce serait la plus belle fin de siècle que Dieu puisse nous accorder. »

« Vers 3 heures de l'après-midi, nos compatriotes vont s'embarquer au *Lufuka*, et, après un dernier adieu, ils gagnent le large, pendant que nos orphelins, placés sur les rives du Tanganika, expriment leurs sentiments par la voix de la poudre. M. Jacques a répondu plusieurs fois à ces dernières salves d'adieu. »

G. DE BEERST,
missionnaire à Mpala.

Le retour par le Zambèze. — Pendant que les troupes zanzibarites, sous les ordres de leurs nyamparas, prenaient la route de l'est par Tabora et Bagamoyo, MM. Jacques, Renier, Docquier et Molay choisirent la route moins fatigante et plus sûre du sud, — d'ailleurs plus neuve pour eux, — par la voie Stephenson, le lac Nyassa, le Chiré et le Zambèze.

Les voyageurs marchèrent assez rapidement jusqu'à Chindé, sur la côte orientale. Partis d'Albertville le 5 février, ils arrivaient à l'embouchure du Zambèze environ deux mois après. La malle allemande pour Zanzibar avait quitté Chindé vingt-quatre heures plus tôt; force fut de séjourner huit jours en cet endroit et vingt-trois à Quilimane, pour pouvoir s'embarquer enfin pour Zanzibar, où l'on arriva le 6 mai.

Le 10 mai, Jacques partit pour Bagamoyo, où ses soldats, qui ont rejoint la côte par Tabora, l'attendaient depuis sept semaines, Dieu sait avec quelle impatience. Le commandant était heureux de revoir encore une fois ses chers askaris, ces braves qui avaient partagé ses joies et ses souffrances, dont le dévouement ne s'était pas démenti un seul instant, et qui avaient courageusement combattu les Arabes du Tanganika.

Enfin les membres de la première expédition antiesclavagiste s'embarquèrent le 26 mai, à bord du paquebot français l'*Ava*, qui, après une traversée par la mer Rouge, les débarquait le 20 juin à Marseille. Là, le brave lieutenant Renier, malade, fut obligé de s'arrêter chez les Pères des missions d'Afrique. A regret, MM. Jacques et Docquier durent le quitter pour continuer leur route vers la patrie belge.

§ II. — Fêtes de réception en Belgique.

Déjà *à Paris*, le héros d'Afrique fut heureux de se jeter dans les bras de ses vénérables parents, et de M. Diderrich, son compatriote et son frère d'armes.

Il n'est pas besoin de dire avec quelle émotion M. et Mme Jacques ont embrassé leur fils, qu'ils ont eu le bonheur de retrouver mieux portant que jamais, en dépit des rudes moments qu'il a passés en Afrique. Ils ne l'avaient pas vu partir sans inquiétude. Il avait résisté, lors de son premier séjour au Congo, aux atteintes du climat; mais échapperait-il aux balles des esclavagistes, à l'hostilité desquels il allait se heurter? Après les graves dangers que leur fils avait courus, ils n'avaient jamais désespéré de lui, — et de terribles nouvelles, — heureusement erronées quoique vraisemblables, — n'avaient pu ébranler leur confiance.

Le samedi, 23, on partait pour la Belgique.

En Belgique. — A la frontière, Jacques fut reçu par M. le comte Hyppolite d'Ursel, délégué du Comité antiesclavagiste.

A la gare de Mons, le héros africain a été salué par M. Raoul du Sart de Bouland, gouverneur du Hainaut, et par les autorités militaires de la province.

A Bruxelles, dans la gare du Midi, pavoisée aux couleurs belges et congolaises, plus de 2000 personnes, parmi lesquelles Mgr Jacobs, M. Beernaert, premier ministre, et beaucoup d'anciens officiers d'Afrique, accueillirent avec enthousiasme le Vengeur des Nègres.

A son arrivée, un seul cri retentit : **Vive Jacques !**

A l'extrémité de la gare, la musique du 2ᵉ régiment des guides joue la *Brabançonne.*

Jacques paraît à la portière, son chapeau de paille à la main, la figure souriante et épanouie. Il saute lestement du wagon, suivi de Docquier et de la famille des deux héros.

Il y a alors un moment d'effusion très émouvant. Jacques embrasse le commandant Storms et l'abbé Detierre. Une larme perle à la paupière du vaillant capitaine.

Docquier embrasse avec tendresse son frère et sa sœur. Le vieux père du capitaine Jacques, sa vieille mère pleurent en entendant les acclamations enthousiastes dont on salue leur fils.

Un petit noir, que M. Ectors avait ramené du Congo, offre au capitaine Jacques une gerbe de fleurs, qui porte sur les rubans cette inscription : « Au capitaine Jacques, les esclaves libérés reconnaissants, Léopold Kassongo. »

Le petit noir le salue en langue kiswaéli :

« *Bouana, Zomani mimi na rafiki toumoa. Ioti anadjoua we
« na pega ouagwana mouézi ma koumi malalou sassa ougwana
« ioti nakoufa. Ioti ana penda wes ana.* »

En voici la traduction.

« Maître, jadis, j'étais esclave. On sait que vous avez com-
« battu les Arabes pendant 30 lunes. Aujourd'hui, ils sont tous
« morts et nous sommes libres. »

Des parents, des amis, entourent le vaillant fondateur d'Albertville. Avec beaucoup de peine, les voyageurs traversent la cohue encombrant le quai et arrivent au salon de la gare.

Mgr Jacobs, au nom de la Société antiesclavagiste, félicite Jacques et Docquier, rappelle brièvement leurs brillants exploits et termine par le mot de César :

« Les premiers des braves parmi les braves sont les Belges! »

Jacques, très ému, remercie. Puis Mgr Jacobs dit : « Vous verrez comment les Belges et le Roi savent honorer leurs grands hommes. »

Mais le moment le plus émouvant, réellement empoignant, a été celui où Jacques est apparu au public massé en face de la gare. Toutes les mains s'agitaient, et les cris de : Vive Jacques ! étaient poussés par des milliers de voix. Celui-ci saluant de la voiture, aurait voulu presser les chevaux pour abréger l'ovation, mais la foule empêchait les chevaux d'avancer et elle aurait voulu que Jacques ne s'en allât pas. Les femmes couvraient la voiture de fleurs et de bouquets. Une brave vieille femme du peuple s'écria : « *Celui-là au moins a fait quelque chose !* »

A Vielsalm. — Le lendemain, 24 juin, à Vielsalm, les compatriotes de Jacques le reçoivent avec un enthousiasme indescriptible. Les abords de la gare sont noirs de monde; les habitants des villages avoisinants ont pour la plupart abandonné les travaux de la fenaison pour venir assister à l'arrivée du capitaine. A l'intérieur de la gare se tiennent au premier rang, avec les parents de Jacques, une foule de notabilités, notamment le comité antiesclavagiste de Bruxelles, M. Orban de Xivry, gouverneur de la province, le sénateur de Xivry, le général de Mazière, M. Alexandre Delcommune, revenu d'Afrique, etc.

Dès l'arrivée du héros, une acclamation formidable retentit; toutes les mains se tendent vers le capitaine; les parents qui n'ont pas eu le bonheur de se rendre à Bruxelles et qui revoient le héros après trois ans d'absence le retiennent à la portière.

Jacques doit supplier qu'on le laisse descendre. A peine sur le quai, il est enlevé et littéralement dévoré de baisers par les membres de sa famille. Les grands lui donnent l'accolade, les petits se lèvent sur la pointe des pieds pour offrir leurs joues au capitaine. Ce sont des scènes émouvantes sans fin.

Au dehors au milieu de la route, sous les arcs de triomphe, les autorités communales sont groupées et complimentent les héros africains et leur remettent des médailles.

M. le doyen de Vielsalm rappelle que l'Église s'associe aux événements heureux et malheureux de ses enfants, que souvent l'épée a précédé la croix dans la mission civilisatrice du catholicisme. « Vous avez reçu, s'écrie l'orateur, avant de partir pour le Congo une bénédiction spéciale du Pape. Cette bénédiction vous a porté bonheur; elle vous a permis d'échapper à de terribles dangers. Ministre du Dieu qui vous a si visiblement protégé, qui vous ramène à l'ombre du clocher natal, je salue en vous le compatriote et j'adresse le témoignage de notre admiration au héros d'Albertville et du Tanganika. »

Le capitaine Jacques, qui ne sait cacher ses larmes, remercie ses concitoyens de l'avoir aidé dans les jours de misère; il évoque le souvenir du grand pape Léon XIII et demande aux auditeurs de pousser un triple hourrah en l'honneur du capitaine Joubert, du brave Père Guillemé, des lieutenants Long et Descamps.

Bref, Jacques est l'homme du jour, et les Ardennais sont persuadés que tous les Belges s'intéressent aux fêtes de Vielsalm, ce en quoi ils ont parfaitement raison.

Il est juste toutefois d'ajouter que, au nom de Jacques, on mêle un peu celui de l'ingénieur *Diderrich*, le vaillant compagnon de Delcommune.

Comme Jacques, **Norbert Diderrich** est de Vielsalm. Il a été élevé chez son oncle et tuteur, M. Bernard Denys, un des meilleurs défenseurs de la cause catholique.

Jacques et Diderrich, après avoir passé leur jeunesse à Vielsalm, se sont retrouvés là-bas sur le continent mystérieux, où ils ont renoué leurs liens de vive amitié. Il y eut même entre eux une scène émouvante au moment où Delcommune, ayant opéré sa jonction avec Joubert, les troupes antiesclavagistes allaient livrer un combat furieux contre les Arabes.

Jacques et Diderrich se trouvaient aux avant-postes. Le danger était grand... A l'instant où l'on se préparait à monter à l'assaut d'une palissade défendue par les Arabes, Jacques dit à Diderrich :

— Nous sommes tous deux de Vielsalm, laisse-moi marcher le premier. Si je meurs, tu iras remettre mes derniers adieux aux miens...

— Non, s'écria Diderrich, combattons ensemble. Je ne retourne pas à Vielsalm sans toi.

Les deux amis s'élancèrent et aidèrent leurs compagnons à remporter la victoire. Ils sont rentrés, l'un après l'autre, dans leur pays natal, couverts de gloire.

Arrêtons-nous là.

Aussi bien l'espace nous manque pour décrire les réceptions solennelles qui furent faites à nos héros antiesclavagistes un peu partout, surtout la grande manifestation offerte le 4 juillet, au *palais des Académies*, par la Société antiesclavagiste et toutes les notabilités du pays.

Notons aussi que, le 30 juin, le Roi reçut le commandant Jacques en audience particulière, et lui accorda la **croix de l'Ordre de Léopold.**

Tenons-nous-en au caractère d'immense popularité qu'a revêtu la rentrée en Belgique de Messieurs Jacques, Renier et Docquier, les héros de l'expédition antiesclavagiste, au nombre desquels on aurait voulu revoir l'excellent Alexis Vrithoff, mort au champ d'honneur.

Depuis longtemps, l'expédition Jacques, en détresse là-bas, avait conquis les sympathies générales des Belges. C'était la plus grande récompense qu'on pût lui accorder ici-bas, en attendant celle que le Seigneur destine dans le ciel à ceux qui ont exercé les œuvres de miséricorde envers leurs frères malheureux.

Alexandre Delcommune, né à Namur en 1855, chef de l'expédition du Katanga.

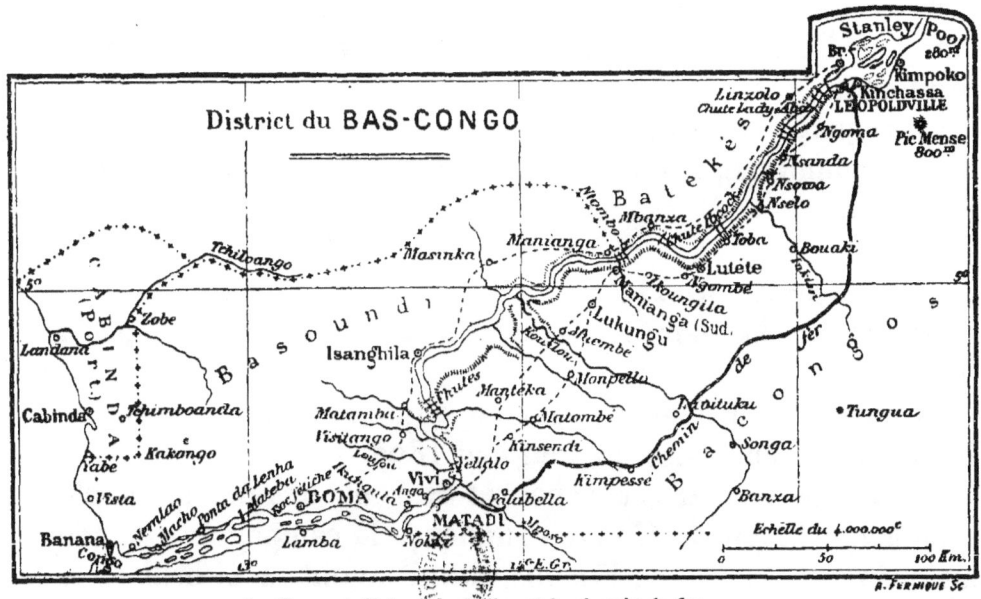

Le Congo inférieur, les villes et le chemin de fer.

TROISIÈME PARTIE.

ALEXANDRE DELCOMMUNE & LES EXPLORATIONS COMMERCIALES AU KATANGA.

CHAPITRE I.

Les quatre expéditions commerciales.

LE KATANGA, la province la plus méridionale du Congo, que traversent le Lualaba et le Luapala ou Congo supérieur, avait été concédé par le Roi-Souverain aux Sociétés commerciales belges, qui comptaient en exploiter surtout les produits miniers.

Celles-ci se hâtèrent d'y envoyer quatre expéditions, qui partirent successivement et presque simultanément de plusieurs points à la fois.

Déjà une expédition commandée par *Paul Le Marinel* (né en Amérique, de parents belges) partit de Lusambo en décembre 1890. Composée de 400 hommes, elle parvint à Bunkéia, capitale du roi Msiri, le 18 avr'l 1891. (Nous avons parlé de cette expédition dans notre *Congo belge.*) En repartant pour l'Europe, Le Marinel laissa son adjoint *Legat* comme résident auprès du Msiri.

Les quatre expéditions commerciales eurent pour chefs M. Delcommune, les capitaines Bia et Stairs et le lieutenant Hodister.

1º **L'expédition Hodister**, dont nous avons déjà parlé, remontait le Lomami lorsqu'elle se laissa surprendre par la perfidie des Arabes.

Hodister et plusieurs de ses compagnons: Magery, Desmedt, Noblesse, furent massacrés en mai 1892.

C'est pour venger cet échec et prévenir des malheurs plus grands que l'État du Congo commença la campagne, qui, sous les ordres du capitaine Dhanis, devait avoir un si brillant résultat.

2º Le *capitaine anglais* **Stairs,** le compagnon de Stanley et l'ascensionniste du Ruwenzori, quitta Londres le 18 mai 1891 ; il prit la route de Zanzibar et du Tanganika, et arriva à Bunkéia le 14 décembre. Il y perdit son compagnon, le capitaine belge *Bodson* ; dans une rencontre celui-ci tua le tyran Msiri. Forcé par la famine et la maladie de repartir, Stairs prit la route du Zambèze, à l'embouchure duquel il mourut d'épuisement à Chindé, le 8 juin 1892. Le marquis de Bonchamps et le Dr Moloney, ses deux autres principaux adjoints, ramenèrent la caravane à Zanzibar, puis rentrèrent en Belgique sur la fin de juillet.

3º La troisième expédition, composée du *capitaine* **Bia,** de Liége, commandant, du lieutenant *Francqui*, de Bruxelles, du lieutenant *Derscheid*, du géologue *Cornet*, tous deux de La Louvière, et du médecin *Amerlinck*, de Gand, partit d'Anvers le même jour que la précédente, 18 mai 1891. Elle prit la voie du Congo, passa à Lusambo en novembre, arriva à Bunkéia le 30 janvier 1892, et pénétra en territoire anglais jusque Tchitambo, où s'éteignit le grand explorateur Livingstone en 1873.

Bia mourut de fièvre à Ntenke le 30 août 1892, laissant le commandement de l'expédition au lieutenant Francqui, qui la conduisit aux sources du Lualaba en septembre, la ramena à Lusambo en janvier 1893, et à Bruxelles le 16 avril, en même temps que l'expédition Delcommune.

4º Terminons par **l'expédition Delcommune,** qui toutefois fut la première en date.

Elle se composait de M. *Alexandre Delcommune*, né à Namur en 1855, le vétéran des explorateurs belges au Congo, où il remplit avec succès divers postes depuis 1873.

— De l'ingénieur *Diderrich*, de Vielsalm (Luxembourg); du docteur *Briart*, de Chapelle-lez-Herlaimont (Hainaut) ; du sergent-major *Florent Cassart*, né à Warsage (Liége).

En outre, de l'officier suédois *Carl Hakansson*, qui fut massacré pendant le voyage à Kinkondia, le 20 août 1891 ; — de MM. *de Roest* et *Protche*, qui, après avoir atteint le Lomami, revinrent malades sur la fin de la même année.

L'expédition, partie de Belgique en juillet 1890, passa au Stanley-Pool et arriva à Bena-Kamba sur le Lomami en janvier 1891 ; parvenue à Bunkéia, elle poursuivit jusqu'aux sources du Lualaba, qu'elle se disposait à descendre sur 27 canots fabriqués dans des troncs d'arbres ; la famine lui fit perdre beaucoup de monde et, après les plus cruelles privations, elle dut revenir à Bunkéia, d'où elle repartit pour découvrir le lac *Kassali*. Puis traversant le Luapula, qui, à n'en plus douter, est la branche maîtresse du Congo, Delcommune arriva enfin au Tanganika, juste à temps pour soutenir à Albertville le capitaine Jacques dans la guerre contre les Arabes. Il en repartit par la vallée de la Lukuga et regagna Lusambo le 7 janvier, pour rentrer en Europe le 16 avril 1893.

Dans l'impossibilité de détailler ici ces diverses expéditions, nous choisirons la dernière, dont le résultat fut le plus considérable. Du reste, les trois itinéraires Delcommune, Stairs et Bia se croisèrent plus d'une fois au Katanga, dont le centre était Bunkéia. Bien que le chef de l'expédition en ait publié un rapport très intéressant, on nous permettra de donner de préférence la relation du voyage dont M. l'ingénieur Diderrich, que nous connaissons particulièrement, a fait l'objet de sa conférence à la Société de géographie de Bruxelles, et qu'il a mise, inédite encore, à notre disposition.

CHAPITRE II.

L'expédition Delcommune.

Conférence donnée par M. l'ingénieur Diderrich à la Société de Géographie de Bruxelles.

§ 1. D'Anvers à Léopoldville.

MESSIEURS, laissez-moi vous dire d'abord ce qui amena la formation de l'expédition du Katanga. Depuis l'érection en État indépendant de cette vaste contrée de l'Afrique centrale, que nous appelons aujourd'hui le *Congo belge*, les efforts des explorateurs s'étaient surtout tournés vers les parties navigables du bassin du grand fleuve.

Le Congo avait été remonté jusqu'aux Stanley-Falls ; on

avait exploré l'Aruwimi, l'Ubangi, l'Uellé, le Kassaï, le Sankuru. Ces découvertes avaient été facilitées par les moyens de navigation, mais l'extrême région méridionale du nouvel État, en raison même de son éloignement et de l'absence complète de toute communication directe par eau, avait été laissée à l'écart. C'était certes sacrifier à la force des choses, car les premiers renseignements donnés sur ces régions du Sud avaient créé une éblouissante perspective pour les voyageurs qui y aborderaient.

Cameron, le premier qui eût traversé l'Afrique centrale dans cette direction, avait donné sur le Katanga les détails les plus remarquables, tant agricoles que miniers. Ce voyageur n'était pas allé dans ce pays, mais il avait recueilli ces renseignements de la bouche des indigènes du Manyéma. Le missionnaire Arnold, anglais, puis Capello et Ivens, explorateurs portugais, visitèrent le Katanga et en donnèrent des idées des plus favorables, sans entrer dans aucun détail.

La Compagnie belge pour le commerce et l'industrie au Congo, qui avait poussé ses investigations dans le bassin du Lomami jusqu'à Bena-Kemba, où venait de s'installer un poste de l'État Indépendant, se décida enfin à s'assurer de l'avenir du Katanga par une expédition dont le commandement fut confié à M. Delcommune, et à laquelle je fus adjoint en qualité d'ingénieur géologue.

En mer. — Je m'embarquais à Flessingue, le 3 juillet 1890, à bord du navire allemand l'*Adolphe Woerman*. La traversée fut courte : 25 jours, et la mer très bonne, si ce n'est dans le golfe de Gascogne. La crainte d'être mis en quarantaine ne nous permit de faire que deux escales. La première fut à Gorée, dans le Sénégal, la seconde à Libreville, au Gabon ou Congo français.

Gorée n'est qu'une localité en décadence, triste et sale. C'est assez vous dire si je la quittai quelque peu désillusionné sur la nature des paysages des tropiques ; mais *Libreville* est délicieusement encadrée de cocotiers et de palmiers. Les jardins de la mission catholique forment un coin exquis ; certes, c'est une des plus jolies promenades que j'ai parcourues. Libreville est la capitale du Congo français ; les administrations y sont fort coquettement installées dans des maisons en bois ou en fer munies de larges vérandas.

Selon l'usage, nous rendîmes visite au doyen d'âge des colons africains : Monseigneur Webelle, qui habite le Gabon depuis plus de quarante ans. L'accueil paternel de ce respectable vieillard, son hospitalité toute patriarcale nous récompensa singulièrement de la peine du chemin pour arriver jusqu'à sa demeure.

Quelques jours plus tard le bateau mouillait dans les eaux du Congo. Le 28 juillet, on jetait l'ancre à Banana.

Banana est le grand port d'embarquement de l'État du Congo. Du large, avec ses factoreries toutes blanches, la localité nous apparaissait comme une volée de mouettes posées sur le sable en avant de longues lignes de cocotiers. Située à l'embouchure du fleuve, Banana est certainement la station la plus salubre de l'État ; elle offre tous les avantages que peut procurer le voisinage de l'Océan ; aussi est-ce à Banana que l'on vient séjourner après de trop fortes attaques de fièvre ou d'hématurie.

Quelques heures à peine séparent Banana de Boma. Sur ce parcours, le Congo est semé d'îles, recouvertes d'une luxuriante végétation. Par-ci par-là, de grands bancs de sable qui affleurent ou qui se devinent, nécessitent de grandes précautions dans la marche du steamer... Aussi le pilote est-il à bord et le navire défile-t-il lentement dans le dédale des îles, semblant nous donner le temps d'admirer tout à l'aise cet étrange paysage.

Nous sommes à **Boma**, *la capitale*. Pour ma part, je me trouve confortablement installé dans une chambre de l'hôtel que la Compagnie des Magasins Généraux vient d'élever à quelques cents mètres du Congo. De mon balcon, je découvre le fleuve jusqu'à l'horizon, ayant droit devant moi la grande île de Lacomba, qui apparaît comme un jardin sur l'eau. A la rive, un pier (jetée) en fer pour le déchargement des steamers, des hangars encombrés de marchandises, des factoreries enfouies dans les cocotiers ou blotties contre les grands baobabs, dont les branches dénudées raturent le ciel. Çà et là des pavillons battent au vent. On entend monter des cris, des chants, des roulements de tambour, parfois même le sifflet de la locomotive, car en hôtel bien tenu, celui où je suis descendu a son tramway, qui trois fois par jour passe à proximité du quartier de ses clients et les amène aux heures des repas.

On se croirait sur le littoral et non à plus de cent kilomètres de l'Océan ; ce n'est pas un fleuve qu'on a devant soi, c'est une mer calme, tant le Congo paraît immense, et j'avoue que la vue me dit beaucoup plus sur la valeur du Congo que ce calcul qu'il passe là sous mes yeux le colossal volume de 50 mille mètres cubes d'eau à la seconde. De tous les centres créés par les blancs dans l'État Indépendant, Boma est assurément le plus important. C'est le siège du gouvernement et des diverses administrations. Il comprend deux parties très distinctes : Boma plateau et Boma rive ; la première de ces parties est occupée par les bureaux et les logements des fonctionnaires. A la rive sont installés les factoreries, l'hôtel et les magasins généraux. Boma a son église en fer, construite en Belgique dans les ateliers d'Aiseau, une mission, des casernes, des hôpitaux. La situation sanitaire est loin de valoir celle de Banana.

J'ai séjourné un mois à Boma, en attendant l'arrivée des membres de l'Expédition, parcourant la contrée avoisinante dans des recherches géologiques, déjà faites par le géologue Dupont. Les granites et les schistes cristallins caractérisent cette région. Je fus amené à visiter l'*île de Matéba*, admirablement fertile, dans laquelle on élève des troupeaux de bœufs destinés à l'alimentation du personnel blanc de Boma et de Matadi. Un haras y est en très bonne voie de formation ; la fabrication des huiles de palme y a acquis une très grande importance.

A Matadi. — Je quittai Boma le 30 septembre au matin, à bord de « *la Reine des Belges* ». Quatre heures plus tard, j'arrivais à Matadi, et tous les membres de l'Expédition du Katanga se trouvaient réunis.

Cette expédition comptait au début, outre Delcommune, qui en était le commandant, le capitaine Hackanson, officier de l'armée suédoise ; le lieutenant Alexandre de Soustchoff, de l'armée russe, ancien aide-de-camp du général Skobeleff dans la guerre russo-turque ; le docteur Briart, Protch, naturaliste français, enfin le baron de Roest. 150 soldats Haoussas recrutés à la côte formaient notre escorte, sans compter les serviteurs. Nos gens étaient armés de chassepots recoupés.

L'arrivée de notre expédition renforça singulièrement l'animation que les travaux du chemin de fer entretenaient à Matadi. On travaillait ferme à la ligne; ce n'était que chantiers : des monceaux de rails, de traverses, de charpentes, des tonneaux, des ballots, autour desquels s'agitaient des brigades de travailleurs noirs et où circulaient les ingénieurs et les contremaîtres.

Le trajet de *Matadi à Léopoldville* n'est pas des plus faciles, et le passage du mont Palabala, très difficile celui-là, jouit d'une triste réputation. Toutefois le danger résulte plutôt de l'ignorance de l'hygiène à observer dans ces régions que de la difficulté du trajet.

Le pays entre Matadi et Léopoldville me sembla presque un désert, car les indigènes avaient regagné l'intérieur depuis les dernières répressions qui furent faites par l'État, et les villages des abords de la route étaient en grande partie abandonnés. Les échappées de vue sont généralement grandioses, car le pays est très tourmenté, mais l'uniformité des teintes devient réellement désolante. Toujours cette même terre rouge avec ses blocs de latérite en étendues immenses, de hautes herbes où les récents incendies ont établi de larges traînées noires sur le fond jaune sale de ces monts chauves. Tout cela est profondément triste ; seuls les abords des rivières respirent la vie : ici, par un brusque contraste, la nature devient d'une exubérance et d'une beauté qu'on admire, mais qu'on ne décrit pas. Tout autre est cependant le caractère de cette région quand on la parcourt pendant la saison des pluies; mais nous étions à la fin de la saison sèche, à cette époque de l'année où presque toute végétation semble être éteinte avec le manque absolu d'humidité.

Le sol de cette région est argilo-sableux, et pour peu qu'il pleuve, la circulation devient rapidement difficile. Les plus fortes températures que j'ai relevées au cours du trajet ont été de 36° à l'ombre.

Nous fûmes peu en contact avec les indigènes pendant la durée de cette route des caravanes ; nous ne les vîmes guère qu'aux marchés tenus le long des chemins et où nous achetions des vivres, en échange de mouchoirs, de perles ou de fil de cuivre. Rien n'est plus gai ni plus animé que ces marchés de la route des caravanes. C'est là une des meilleures occasions pour étudier le caractère du noir. En général tous, marchands et marchandes, sont d'une largeur d'appréciation qui frise le vol, mentent avec une crânerie renversante, crient et se démènent comme des forcenés. Les acheteurs circulent, s'arrêtent devant les nattes où sont étalées les victuailles, rient à se tordre ou injurient de la belle façon. Des musiciens s'acharnent sur leur tambour ou sur leur gong. Tout cela forme un tohu-bohu des plus bizarres et des plus réjouissants.

Léopoldville, sur le Stanley-Pool. — Le 23 septembre, nous avons gagné Léopoldville. C'était une première étape, bien courte assurément en présence du long itinéraire que nous nous proposions. Nous allâmes nous installer à la factorerie de Kinshassa, distante d'une heure à peine de Léopoldville. Nous restâmes là près d'un mois, attendant nos charges et faisant nos préparatifs de départ, tout en jouissant de la cordiale hospitalité de M. Camille Delcommune, le frère de notre chef d'expédition. Kinshassa est construit sur les bords du Pool (c'est ainsi qu'on désigne le fleuve en face de Léopoldville, à cause de sa grande expansion, qui en cet endroit est de 5 kilomètres, mais s'élargit encore vers l'est). La station française de Brazzaville est sur l'autre rive du Pool ; Léopoldville en occupe la rive méridionale.

Nous venions de franchir toute cette région du Congo, impraticable pour la navigation à cause de ses nombreux rapides, difficultés qui ont nécessité la création du *chemin de fer*.

§ II. De Léopoldville aux Stanley-Falls.

A partir du Pool, le fleuve redevient navigable jusqu'aux Stanley-Falls, sur une longueur énorme de 1500 kilomètres. Nos préparatifs terminés, nous nous embarquons sur les petits steamers du haut fleuve pour atteindre Bena-Kamba, situé à

Afrique. — Le port de Léopoldville au Stanley-Pool.

Le marché de Kassango sur la route de Léopoldville.

l'extrémité navigable du Lomami. Mais déjà l'un des nôtres nous manque : le lieutenant Soustchoff, qui s'en est retourné après avoir gravi le Palabala. En arrivant à Léopoldville j'avais eu la douleur d'apprendre la mort d'un de mes amis, le Père Bracq, qui nous précédait de quelques jours sur la route. Il était tombé d'insolation. Un nouveau compagnon de route, le brave Cassart, nous était adjoint.

Nous quittâmes Kinshassa le 17 octobre. Les steamers « *Ville de Bruxelles* et *La Florida* » emportaient toute l'expédition. La « *Ville de Bruxelles* », meilleur marcheur, ne tarda pas à prendre les devants. Delcommune, le lieutenant Cassart et moi fûmes au nombre des passagers qu'il comptait à bord. Plusieurs officiers de l'État nous accompagnaient ; ils allaient rejoindre les postes établis sur le haut fleuve.

Les rives du Congo dans la partie centrale de son bassin, c'est-à-dire depuis Léopoldville jusqu'aux Stanley-Falls, offrent l'aspect d'une vaste plaine couverte de forêts d'une beauté et d'un imposant qu'il serait difficile de décrire.

Parfois la forêt est brusquement interrompue et laisse apercevoir de vastes prairies de hautes herbes où nous avons vu maintes fois des troupeaux de buffles qui, effrayés par le bruit, les sifflets du vapeur et les coups de feu qu'on leur envoyait du bord, passaient et repassaient dans une course folle, fendant le flot des hautes herbes de ces interminables savanes. De temps à autre, il arrive que le sol se relève et présente des collines, mais elles n'ont jamais de relief bien accentué. Les plus hautes à mon avis sont celles de Msouata, et j'estime que leur altitude ne dépasse guère 200 mètres. A l'embouchure du Kassaï il s'en présente aussi quelques-unes, et c'est sur l'une d'elles qu'est bâtie la mission catholique de *Berghe-Sainte-Marie*. Les missionnaires nous y ont fait le meilleur accueil : nous y avons dîné sobrement mais très gaiement. L'installation est assez rudimentaire comme bâtiments; par contre, les cultures y sont belles.

La couche superficielle des terrains riverains du Congo est presque toujours formée d'un dépôt argilo-sableux, coloré en rouge ocreux par les oxydes de fer. L'humus y est très abondant, ce qui rend le sol extrêmement fertile et la végétation d'une vigueur étonnante.

Nous passons à *Lukoléla*, renommé par son tabac, qui est réellement délicieux. On s'est hâté d'en faire provision, car la route promet d'être longue. Deux jours plus tard nous étions à l'*Équateur*, ce poste si brillamment occupé au début par les commandants Coquilhat et Van Gèle.

Le 30 octobre, nous débarquions à *Bangala*, l'une des plus jolies stations de l'État. Les constructions sont en briques rouges, et l'architecte y a introduit une réminiscence de style gothique qui cadre gentiment avec les fûts superbes des palmiers. Ici également les cultures de manioc et les bananeraies sont splendides ; les troupeaux de chèvres et de moutons y sont nombreux. Le lieutenant Baert, chef de la station, nous fait le meilleur accueil. Bangala a aussi sa mission catholique, assez vaste et très bien entretenue ; le Père *Cambier*, qui en est directeur, est des plus affables ; il m'a retenu à déjeuner. Le menu était composé d'un rôti de chèvre, d'œufs, de bananes et de café au lait, le tout relevé par une joyeuse humeur et la plus franche cordialité.

Fort heureusement, je me suis trouvé à Bangala le jour des morts, et j'ai pu y entendre la Messe. Avec quelle netteté je revoyais nos braves Ardennais priant au cimetière ; combien je regrettai de ne pas être des leurs, de ne pas fouler cette terre où dorment les plus chers des miens. Chose étrange, avant ce jour-là l'idée de mon éloignement ne m'avait point frappé ; je la ressentais alors vivement.

Le 9 novembre, nous arrivons à **Boumba**, dont le poste fut créé par *Jacques* lors de son premier séjour en Afrique. Il me semblait être en pays connu, tant le souvenir de cet ami m'y poursuivait. Très coquette cette petite maison blanche avec son toit de chaume. Assis à l'ombre de sa véranda, je me disais : c'est ici qu'il était quand, au pays, on pensait tant à lui, qu'on attendait ses lettres avec tant d'impatience,... lorsque tout à coup mes yeux tombèrent sur une armoire dont la porte, formée d'un couvercle de caisse, portait écrit en grandes lettres: *Lieutenant Jacques*. Voilà, me dis-je, le dernier souvenir du passage d'un ami sur la route de mon lointain voyage. Certes, je me doutais peu alors que près de deux ans plus tard, nous nous retrouverions, non pas au pays commun, mais au Tanganika, où, servant la même cause, nous combattrions les Arabes trafiquants d'esclaves. Mais n'anticipons pas.

Treize jours après avoir quitté Bangala, nous arrivions à *Basoko*, le fameux camp retranché de l'Arouhimi. La station est formée d'un groupe de maisons entourées de palissades avec terre-pleins. On y entre par des portes à bascule ; un belvédère élevé d'une dizaine de mètres surveille le fleuve. Là aussi nous reçûmes un accueil des plus enthousiastes.

Le 14 novembre nous rencontrions enfin le premier poste arabe. Il est situé à **Isangi**, à l'embouchure du Lomami. Isangi est un assez grand village, qui serait encore plus étendu si un nombre considérable des habitants ne passaient leur vie sur l'eau. Une pirogue, sur laquelle on a ajusté deux ou trois nattes de façon à former un toit rond ou pyramidal, constitue toute l'habitation de ces gens-là, presque tous pêcheurs d'ailleurs. Les rives sont-elles menacées, la petite flottille prend le large et va vivre ailleurs.

De loin, le poste arabe ne se distinguerait pas des postes de l'État, si on ne voyait les longues robes blanches et les turbans trancher sur le fond grisâtre des maisons. Isangi a sa mosquée, qui du dehors ne se distingue des autres maisons que par sa porte en style mauresque et, en regard de celle-ci, planté sur une perche, un crâne humain dont la moitié est peinte en rouge et l'autre en blanc. A l'intérieur, des murs blancs sans ornements, à part le côté tourné vers l'Orient, qui est plaqué d'une sorte de portique décoré d'arabesques à filets rouges ; sur le sol, des nattes de jonc très propres : on n'entre là que les pieds nus. C'est là tout le décor du temple des disciples du Prophète.

Aux Stanley-Falls. Les Arabes. — Arrivés à Isangi, notre chemin était de quitter le Congo pour remonter le Lomami ; mais la recherche de certains renseignements nous força de monter jusqu'aux *Falls*.

Nous y fûmes reçus par le résident, M. Lherman.

A peine étions-nous arrivés que la délégation arabe vint nous saluer à bord. Après force salamalecs et souhaits de bienvenue, soulignés par les sourires onctueux propres aux Arabes, la délégation nous apprit que Tippo-Tip était parti pour Zanzibar, et Raschid, son fondé de pouvoir, pour Kassongo, où il devait se marier. Après quoi, la mission nous quitta et regagna l'autre rive du fleuve, où se trouve la résidence de Tippo-Tip.

A notre tour, nous passâmes le fleuve et rendîmes notre visite. Nous fûmes reçus dans un barzah de Tippo-Tip, une sorte de véranda dont les côtés sont formés par des bâtiments latéraux en saillie sur un bâtiment central. On nous offrit des tabourets, tandis que les Arabes s'accroupirent pieds nus sur leurs nattes ; certains chefs portaient des chaussures ou plutôt de hautes semelles en bois ressemblant fort à celles des Japonais. Il y avait parmi cette gent arabe des types réellement achevés ; drapés dans leurs loques blanches, ils étaient d'un superbe incroyable. Le jeu des physionomies était des plus intéressants : les uns affectaient des airs naïfs, tandis que d'autres roulaient des regards hautains ; certains égrenaient des colliers d'ambre entre leurs doigts et les yeux baissés : on aurait juré qu'ils déchiffraient sur le sable quelque mystérieux passage du Coran ; d'autres, au contraire, nous dévisageaient franchement et attendaient en silence la traduction de l'interprète.

Les habitations de Tippo-Tip et le camp arabe étaient bâtis sur la rive gauche du fleuve, non loin des Falls ; sur ce point, le Congo est transformé en un gigantesque rapide qui franchit un escalier de 5 à 6 mètres, charriant avec fracas l'énorme volume de ses eaux tumultueuses à travers de grosses masses de grès rouges. Et dans ces endroits mêmes, une des choses qui étonnent le plus, c'est la hardiesse des indigènes qui vont jusque dans ces endroits presque inaccessibles, établir des échafaudages pour leurs pêcheries.

§ III. Des Stanley-Falls au lac Kassali.

Nous quittâmes les Falls pour redescendre à *Isangi*, et cette fois, le chef du poste, un jeune homme d'une allure fort correcte, nommé Ben Abibu, nous invita à prendre le thé. Nous fîmes transporter chez notre hôte un orgue de barbarie, destiné je ne sais plus à quel chef indigène, et le barzah des Arabes entendit pour la première fois, sans doute, le *roi de Thulé* et *My Queen*.

Navigation sur le Lomami. — Le 20, nous quittions Isangi, comblés des présents de Ben Abibu, et nous remontions le Lomami. Nous mîmes onze jours pour atteindre Bena-Kamba. Cette importante rivière, parallèle au cours supérieur du Congo, mais dégagée de cataractes et navigable, s'enfonce dans un vrai couloir de verdure des plus splendides. Nous sommes restés six jours n'ayant d'autre vue que la forêt, le ciel et l'eau. Elle est si belle et si grandiose cette végétation du Lomami! De ces grands rideaux de verdure que les lianes ont accrochés partout, s'échappent des palmiers, des acacias, des parasols, des santals, et tout cela dans un fouillis de feuilles, animé de mille bruits d'insectes et d'oiseaux, baigné dans un chaud soleil et dans une atmosphère délicieusement parfumée.

De temps à autre, des hérons goliaths s'enfuient bruyamment à grandes envolées, des bandes d'aigrettes blanches rasent la surface des eaux. Nous avons vu un jour deux éléphants qui traversaient la rivière à la nage : là où les eaux sont peu profondes leur grosse tête émerge, mais quand ils perdent pied, seul le bout de leur trompe apparaît à la surface.

Nous vîmes peu de villages sur le Lomami ; cependant vers l'aval il en est de fort grands : certains avaient plusieurs lieues de long, et les habitations se trouvaient disposées parallèlement à la rive.

Nous avons séjourné à Bena-Kamba jusqu'au 25 janvier 1891. Le retard nous fut occasionné par les lenteurs du second steamer, *la Florida*, qui avait à son bord le second corps de l'expédition. Enfin quand ce petit steamer nous laissa tous réunis sur les rives du Lomami, et que, le 29 janvier 1891, il eut levé l'ancre, toute communication avec l'Europe nous fut enlevée et elle ne devait nous être rendue que près de deux ans plus tard.

Notre intention était de remonter le Lomami, et dans ce dessein nous nous étions pourvus à Isangi de grandes pirogues indigènes pour nos hommes et nos charges. Nous avions de plus une allège démontable en acier dans le type de celles que

Stanley avait emportées dans son voyage au centre de l'Afrique. *La Florida* nous avait laissés au pied des premiers rapides du Lomami ; on s'y engagea résolument. Ce fut une des parties pénibles de notre voyage ; nous mîmes trois mois pour arriver à **Gongo Lutété,** et Dieu sait au prix de quels efforts !

A Gongo, nous avons abandonné la navigation du Lomami pour prendre la voie de terre. Nous en sommes partis avec notre caravane renforcée de plus de deux cents porteurs, fournis par le chef Gongo et par Raschid, neveu de Tippo-Tip. Nous nous dirigions vers un grand centre : **Loupoungou,** situé à plus d'un degré dans la direction du nord-ouest. Le pays situé entre ces deux grandes localités est presque complètement désert ; la contrée est pourtant fertile, à part quelques plateaux incultes remplis de beaux sites, largement arrosés par de grandes rivières et jouissant d'un climat délicieux. Mais là aussi la traite a fait ses ravages : le chemin est semé de villages en ruines. Il est si triste de voir ces paysages sans vie, ces grandes rangées de cases brûlées, ensevelies sous la végétation envahissante des convolvulus et des bananiers, de penser que ces populations qui y vivaient paisiblement ont été massacrées ou réduites à l'esclavage !

C'est à travers ces écœurantes solitudes que nous sommes arrivés chez Loupoungou.

Loupoungou, lui aussi, était aux mains des Arabes; c'est un homme du pays pourtant, mais il était vassal de Gongo, et cela suffisait pour qu'il commît les mêmes atrocités que son chef, et pis encore. L'agglomération à laquelle Loupoungou a donné son nom ne le cède en rien à celle de Gongo; elle est peut-être plus nombreuse et, comme dans cette dernière, les indigènes sont anthropophages. Rien de remarquable dans la vie de cette grouillante population ; elle cultive bien cependant et d'une façon intelligente ; le travail du fer y est poussé très loin, les installations de leurs hauts fourneaux sont très remarquables. Après avoir séjourné une dizaine de jours à Loupoungou, nous en sommes repartis renforcés de cent nouveaux porteurs.

A quelques jours de Loupoungou, nous rencontrâmes le village de *Monau-Gogo,* où nous nous arrêtâmes pour nous procurer d'autres porteurs. Wissmann avait traversé cette localité en 1881. Ce fut là que nous prîmes des guides pour nous conduire à *Kilemba*, devenu célèbre par le séjour qu'y fit Cameron. **Kassongo**, le chef de Kilemba, a échappé au pouvoir des Arabes; c'est un des plus puissants chefs de l'Ouroua : aussi ses états sont-ils singulièrement populeux. La contrée comprise entre Loupoungou et Kilemba est peuplée par des races nombreuses et très actives; nous y avons traversé des villages formés d'une seule rue qui s'étendait sur plus d'une heure et demie. Les populations, qui nous ont paru paisibles et avec lesquelles nous avons vécu dans la meilleure intelligence, n'ont d'autre occupation que l'agriculture. Le manioc forme surtout la base de l'alimentation, nourriture parfois dangereuse, car il s'y rencontre des plantes contenant des sucs vénéneux très actifs. Nous avons eu à regretter la mort de huit de nos porteurs, empoisonnés de cette façon.

C'est au commencement du mois de juillet que nous arrivâmes à Kilemba. Le roi Kassongo, qui déploya toute sa pompe et toute sa générosité pour nous recevoir, n'était plus le Kassongo de Cameron, mais son fils, qui avait hérité de ses pouvoirs. Nous avons vécu à Kilemba une quinzaine de jours, témoins des coutumes les plus grotesques et les plus incroyables, qui semblent tenir au cœur des monarques nègres.

Notons la façon barbare dont ce roi rend la justice. Un de ses sujets a volé : il aura la main coupée, les deux mains, si le vol est grave. Un malheureux a été surpris écoutant une conversation royale: on lui coupe une oreille. Un pauvre diable dans un combat a détalé trop promptement devant les flèches ennemies : on lui retranche un pied, et ainsi à l'avenant. C'est là l'explication de l'état pitoyable auquel grand nombre d'individus sont réduits. Rien n'est commun comme de voir à Kilemba des gens n'ayant qu'une main, d'autres qu'un pied, qu'un œil, qu'une oreille, d'autres avec des lèvres coupées. Malgré ces mutilations, Kassongo est un chef aimé, autant qu'un esprit réfléchi. Les mœurs de ce roi et de son peuple sont si bien aux antipodes des nôtres, qu'il faut les avoir vues pour les croire.

Attaque des indigènes. Les traitants négriers. —

Kilemba est un endroit notable au point de vue géologique et minier, une des localités importantes qui m'étaient signalées dans nos instructions. Je me mis donc en route pour explorer les environs, tandis que l'expédition stoppait. Le lieutenant Hackanson m'accompagnait avec vingt-deux hommes. A trois jours de marche de Kilemba, nous fûmes soudainement attaqués par les indigènes; ces derniers étant en grand nombre nous bloquèrent toute la nuit du 27 juillet; ce fut seulement à l'aube que nous pûmes nous dégager. Comment, avec vingt-deux hommes, avons-nous pu tenir tête à ces centaines de forcenés? je n'y ai rien compris: Dieu nous a gardés, sans doute. Nos gens étaient affreusement consternés, car ils redoutent singulièrement les flèches empoisonnées ; deux de leurs compagnons étaient atteints à la jambe. Les coquins de nègres occupaient toute la longueur du chemin creux où nous étions engagés, et, couchés dans les buissons, ils nous tiraient leurs flèches dans les jambes. Fort heureusement pour nos blessés, j'étais muni d'un crayon de nitrate d'argent, qui me permit de faire la cautérisation à temps, et ainsi de leur éviter une mort à peu près certaine.

Cette première affaire fut cause d'une guerre générale. Les gens qui nous avaient attaqués appartenaient au frère de Kassongo; les deux frères étaient ennemis; Kassongo vit dans cette attaque une félonie... Comme je devais absolument me rendre compte des terrains environnants, Delcommune me donna une escorte de quatre-vingts hommes, et le docteur Briart vint nous rejoindre. Les recherches géologiques et la campagne marchant de pair, nous arrivâmes devant Bohia, résidence de Cimbo, le frère de Kassongo. Par un inexplicable concours de circonstances, nous nous vîmes forcés d'attaquer la place. Nous croyions avoir à faire à quelques centaines d'indigènes; mais la fusillade des assiégés nous apprit bientôt que nous étions en présence d'un ennemi qui ne devait point nous craindre.

On se battit pendant quatre heures; la victoire était pour nous ; nos Haoussas avaient enlevé le boma et mis le feu au village. Le manque de munitions ne nous permettant pas de séjourner en ce point, nous nous repliâmes sur Kassongo. Ce fut la fin de la campagne. Mais cette journée de Bohia coûta la vie à quatre de nos soldats, et le docteur Briart y reçut une balle au coude et une flèche dans le genou. Par bonheur, ces deux blessures n'étaient pas graves. Kassongo, profitant de nos succès, continua la guerre pour son compte. Quelle en fut l'issue ? nous l'ignorons.

La résistance de Bohia nous avait singulièrement étonnés : ce n'était point la façon de combattre des indigènes; nous apprîmes par la suite que nous nous étions battus contre les bandes de *trois négriers portugais*, métis de la colonie du Bihé; leurs forces comptaient près de trois cents fusils. Le principal des traitants, Saquitoto, avait été tué et notre succès avait été la cause de la délivrance de quatre cents de leurs esclaves, qui s'étaient évadés et n'avaient pas été repris.

J'avais fini mes recherches géologiques ; nous partîmes de Kilemba le 20 août, et nous nous dirigeâmes vers le Lualaba avec l'intention de le traverser à la hauteur du *lac Kassali*, également signalé par Cameron. Nous mîmes sept jours pour l'atteindre, ne trouvant de villages que les deux derniers jours. La veille de notre arrivée au lac, mon boy étant retourné en arrière de la caravane pour chercher mon chien, fut dévalisé par les indigènes, qui lui enlevèrent ses vêtements, mon revolver et ma cartouchière ; il fut garrotté, mais le gamin s'échappa ; toutefois, dans sa fuite il fut atteint d'un coup de lance à la main. Ceci nous montrait à quelle population nous avions affaire. La traite sévissait en ces lieux; de là, l'hostilité des indigènes.

Le **lac Kassali** apparaît comme une vaste expansion marécageuse du Lualaba ; sur sa rive gauche, se dressent de hauts massifs de gneiss et de quartzite, au pied desquels est bâti le village de Kihondia. Le lac mesure environ 15 kilomètres de large; mais sa longueur est beaucoup plus considérable. Le paysage est triste, les eaux du lac sont noirâtres, la plaine est nue et les montagnes peu boisées. On s'arrêta un jour à Kihondia, le temps qui m'était nécessaire pour relever la composition géologique du massif rocheux auquel nous avons donné le nom de notre pauvre ami Hackanson, et le 30, tout au matin, nous nous dirigions vers cet endroit ; le fleuve était relativement étroit.

La marche de ce jour-là fut singulièrement longue, et dans la matinée, nous trouvâmes trois villages dont le nombre des habitants ne fut pas sans nous étonner. C'est là, je pense, qu'en Afrique j'ai vu le plus grand nombre d'habitants, sur aussi peu de parcours de terrain. Un ministre de Kihondia nous servait de guide.

§ IV. — Du lac Kassali aux gorges de Nzilo.

Massacre du lieutenant Hackanson. — Les porteurs avançaient péniblement ; il était sept heures du soir lorsque je gagnai le camp. Une nuit noire. Cassart arriva après 8 heures. Nous attendîmes l'arrière-garde, commandée par Hackanson, jusque vers 9 heures. Las d'attendre, nous allions nous mettre à table, lorsque le boy du lieutenant se précipita vers nous, en nous criant : « Mon maître est tué ! » et il éclata en sanglots. Nous étions là tous quatre pétrifiés par cette épouvantable nouvelle, nous regardant l'un l'autre sans proférer une parole, et nous refusant à croire cette catastrophe. La nouvelle n'était malheureusement que trop vraie, notre ami avait succombé sous les coups de lances de ces sauvages, et avec lui quatorze de nos soldats Haoussas avaient été massacrés.

Laissez-moi vous dire combien j'ai regretté ce malheureux compagnon, homme d'honneur, s'il en fut, cœur brave et généreux, ayant gardé un enthousiasme de vingt ans !

Hackanson était protestant, mais ses convictions religieuses donnaient singulièrement à réfléchir, même pour un catholique. Ces deux paroles le dépeindront dans la sincérité de ses croyances. « Oui, Diderrich, ce serait de tout cœur que j'offrirais ma vie à Dieu si ma mort pouvait faire avancer d'un pas la civilisation chrétienne de ces races malheureuses. » Et une autre fois qu'il discutait avec l'un de nous : « Pour moi, je vois le Christ partout, et dans tout ce que je fais, je suis à genoux devant lui. » Que de fois ne l'ai-je pas entendu, le soir, récitant à haute voix les versets de la Bible !

Hackanson était un homme qu'on ne pouvait ne pas estimer. Il est mort à l'âge de trente-six ans ; c'était son second terme d'Afrique. Il avait été précédemment commissaire de district à Banana. Lieutenant de l'armée suédoise, il croyait que sa nomination de capitaine aurait lieu peu de temps après son retour en Europe. Elle vint en effet, mais trop tard.

Le lendemain du meurtre de notre malheureux ami, nous nous dirigeâmes vers le Lualaba, qui était à quelques milles du camp. Il était impossible de venger la mort de notre compagnon sans compromettre notre expédition. L'ennemi était trop nombreux ; néanmoins il fallut encore faire la guerre pour opérer le passage du fleuve : nous n'eûmes pas de mort de notre côté ; mais parmi ceux de l'ennemi, on comptait l'un des chefs de Kihondia. Nous apprîmes plus tard que le corps de notre malheureux compagnon avait été jeté dans le lac Kassali.

Fatalité ou justice, ces mêmes eaux du Lualaba qui avaient rongé le corps d'Hackanson, devaient, quelque temps après, charrier sur leurs flots les cadavres des plus terribles ennemis de la civilisation des noirs : les Arabes trafiquants d'esclaves. Le souvenir de notre ami ne s'éteindra pas en Afrique : à la demande de celui qui fut son chef, M. Delcommune, la Société de Géographie a bien voulu donner le nom d'*Hackanson* au massif rocheux mentionné plus haut. Je tiens à lui offrir mes vifs remercîments.

En marche vers le Sud. Nous quittâmes le Lualaba le 3 septembre et, contournant le Kassali, nous gagnâmes la ville de Kayoumbe, marquée Khéria sur la carte. Nous fûmes très bien reçus; mais, à notre départ, nous fûmes de nouveau attaqués. Le combat fut court, l'ennemi prit la fuite, abandonnant ses morts. Un de nos hommes avait la jambe percée d'une balle.

Le lendemain de cette affaire nous pénétrions dans les **monts Kibala,** contrée sauvage et complètement déserte : c'est une série de hauts plateaux dont l'altitude varie entre 1000 et 1800 mètres, séparés par des gorges profondes, et sillonnés de nombreux ravins.

La marche y est singulièrement pénible; certains jours, après nous être élevés de 800 mètres, nous redescendions de 500.

Notre itinéraire dans ces montagnes restait sensiblement parallèle au cours du *Lufira*; on se dirigeait vers Bunkéia, la résidence du trop fameux roi Msiri. Les difficultés de la marche ne furent pas les seuls inconvénients de cette traversée ; les tortures de la faim devaient s'y ajouter. Aussi avions-nous plutôt la mine de bandits et de vagabonds que celle d'honnêtes gens.

Bunkéia, capitale de Msiri. — Lorsqu'au commencement d'octobre nous atteignîmes Bunkéia, où nous avions tant souhaité arriver, l'expédition Paul Le Marinel nous y avait précédés et avait installé un poste non loin de là, à Lofoï. Nous fûmes rejoints le lendemain de notre arrivée par le lieutenant *Legat*, commandant de ce poste. Nous séjournâmes à Bunkéia jusqu'au 22 octobre. La situation dans laquelle se trouvait le pays, par suite des guerres civiles, n'était guère rassurante. Les horribles cruautés que se permettait le vieux roi Msiri lui avaient aliéné une bonne partie de ses sujets. Le Katanga était en pleine guerre civile, et l'odieux potentat voulait nous faire porter la guerre de ce côté. A force d'instances, nous parvînmes cependant à obtenir des guides pour le Katanga, et nous quittâmes Bunkéia profondément indignés des basses et ignobles cruautés du tyran, et singulièrement dégoûtés de la déprédation des indigènes. Les détails concernant tout ce qui approchait de près ou de loin cette brutale majesté sont révoltants au dernier chef.

Le poste de Lofoï est situé à deux grandes journées de marche de Bunkéia ; ce fut là que nous nous rendîmes pour nous reposer quelque temps ; nos hommes, plus que nous encore, en avaient grand besoin. Le lieutenant *Legat*, qui est en Afrique depuis plus de dix ans, et son adjoint, M. Verdich, nous firent le meilleur accueil. Pendant que la caravane séjournait au poste, je partis avec Cassart et quarante soldats pour explorer les monts Nzilo. J'avais cru que le meilleur itinéraire à suivre était de remonter le cours du Lofoï, qui me paraissait traverser la chaîne dans une grande partie de sa largeur. Mal nous en prit. Après cinq jours de marche nous nous trouvâmes tout à coup engagés dans un couloir, dont la largeur dépassait à peine cinquante mètres et dont les parois escarpées s'élevaient à plus de deux cents mètres. La rivière tombait à pic du haut de ces parois et venait s'abîmer dans la passe étroite que nous occupions.

L'impasse. — Nous étions acculés contre un obstacle infranchissable et nous n'avions rien de mieux à faire qu'à rebrousser chemin. Nous allions retourner sur nos pas lorsque deux indigènes qui, du haut des parois, nous avaient aperçus dans le couloir, détachèrent des blocs de rocher et les précipitèrent sur nous. La passe était si étroite que nous n'eûmes d'autre recours que de nous effacer contre le pied de la falaise. Les quartiers de roche venaient s'abattre à quelques pas de nous, nous éclaboussant de grandes flaques d'eau. J'eus un instant la conviction qu'il allait nous arriver ce qu'il advint à Roland à Roncevaux. Ce fut à travers une grêle de pierres que nous rétrogradâmes sur près d'un kilomètre. Grâces à Dieu, pas un de nous ne fut atteint.

Le 10 novembre nous quittions le poste de Lofoï pour nous diriger sur le Katanga. La guerre civile y avait fait des ravages incroyables, et la famine y sévissait avec intensité. C'est un beau pays, très fertile, mais inculte par suite des circonstances actuelles. Avant la guerre, nombre d'individus travaillaient aux mines ; aujourd'hui ces travaux souffrent tout autant que l'agriculture. Ce fut le 28 novembre que nous arrivâmes à Ntenke. Fort heureusement pour nous, il y avait des vivres dans cette localité : ce fut le salut de l'expédition. On s'arrêta à Ntenke le temps de me permettre d'aller aux mines du Kalali et de revenir, et le 10 décembre nous en partions pour nous diriger, droit à l'ouest, à la rencontre du Lualaba ; car l'intention du commandant Delcommune était de redescendre le fleuve jusqu'à Nyangwé. Cette marche de Ntenke au Lualaba fut une des plus désastreuses que nous ayons faites. Nous sommes restés neuf jours sans rencontrer un village ; plusieurs de nos gens y sont morts de faim, et tous nous avons horriblement souffert.

Construction de canots. — Nous rejoignîmes le Lualaba à peu près à la hauteur de Ntenke, au petit village nommé

Missima ; c'est là que nous avons stoppé deux mois et demi, le temps nécessaire à la construction des canots indispensables pour redescendre le fleuve. Là nous construisîmes vingt-sept canots et un grand boat à planches et à quille pouvant contenir à lui seul 50 hommes. Ce boat fut fait en vue de nos munitions, que je craignais de perdre dans les rapides.

Pour cette dernière embarcation, il fallait des planches, des courbes et des clous. Tout cela fut confectionné et fait à l'aide de quels outils? herminettes, scies, marteaux, haches et hachettes. Nous fîmes des clous avec tout ce que nous pûmes trouver : chaînes, bracelets en fer, machettes et jusqu'aux poignées de nos malles, tout y passa. Et nous dûmes fabriquer cela nous-mêmes, car nous n'avions aucun homme de métier avec nous.

Et cependant, les vivres étaient d'une extrême rareté ; nous devions conduire nos hommes au loin pour nous en procurer. Je les ai vus déterrer un chien mort et le dévorer ; plusieurs mangeaient des grains de ricin ; pour nous, nous avons passé ces deux mois et demi, qui m'ont paru un siècle, ne vivant que d'épis de maïs et de haricots : encore étions-nous rationnés. En un mot, par le fait de la famine et de la désertion, notre personnel était réduit à 200 hommes, le tiers de son effectif normal.

Le 27 février 1892, nous lancions notre petite flottille à l'eau, espérant que cette fois nous allions nous trouver hors de tout besoin. Il n'en fut rien. Le fleuve était hérissé de rapides ; mais on s'entêta à le redescendre. Par trois fois j'ai failli m'y noyer ; j'ai vu la mort d'affreusement près, et, aujourd'hui encore, quand je pense à ces terribles instants, je ne saurais m'empêcher d'être reconnaissant à Dieu de m'avoir gardé en ces circonstances.

Les gorges de Nzilo. Effroyable situation.

— Le 19 avril, nous nous trouvâmes, sans nous y attendre le moins du monde, devant le fameux couloir de Nzilo, gorge rocheuse fort étroite, longue d'environ 70 kilomètres, encaissée de plus de 300 mètres par endroits et creusée à travers toute une chaîne de montagnes. Jugez de notre étonnement lorsque nous vîmes que le Lualaba se ruait tout entier et furieux dans cette crevasse, pour tomber de plus de 500 mètres de roche en roche, par des cataractes comparables à celles des Stanley-Falls, mais supérieures en élévation.

Penser à risquer nos canots dans cette passe eût été folie. La descente de Stanley dans les cataractes du bas Congo est là pour le prouver.

Il nous fallut traîner nos embarcations à dix kilomètres dans l'intérieur des terres, sur la rive gauche. Ce fut un travail de géants : nous avions à escalader ce pays où les montagnes se heurtaient en tous sens, à descendre dans des vallées profondes, à franchir ravins et fondrières. Nous mîmes un mois pour avancer de 16 kilomètres, avec nos 28 embarcations à la remorque, par un sentier indigène parsemé d'énormes blocs de rochers, le long de montées et de descentes impossibles. Seize kilomètres... et il en restait soixante !

Finalement, nous avions franchi les passages les plus difficiles, lorsque la **famine,** la terrible famine, vint de nouveau nous enlever notre force et notre courage ! Pas un seul village aux environs des rapides ; le plus rapproché se trouvait à dix bonnes heures de marche dans l'intérieur. Aucun gibier, rien !

Les trois quarts de l'expédition étaient incapables de tout travail. Tous les hommes valides réunis : domestiques, cuisiniers, infirmiers, formaient un total de 52 hommes.

Les désertions recommencèrent. Nos soldats haoussas disparurent les uns après les autres, avec armes et bagages. Nous ne les revîmes plus. Ils préféraient être réduits en esclavage, vendus, tués, mangés, plutôt que de continuer à souffrir de la faim, eux qui en avaient si souvent connu les atroces souffrances. Sans dire un mot, sans proférer un reproche, ils s'en allaient, la nuit, et on ne les revoyait plus. Je sentais mes hommes glisser entre mes doigts, je voyais mon expédition se fondre et j'étais impuissant, impuissant à les retenir ! Épouvantable situation !

Force fut donc d'abandonner le travail et de se replier sur Bunkéia.

§ V. — De Bunkéia au lac Tanganika.

Retour vers l'Est. — A Bunkéia (8 juin). Les indigènes nous apprirent le passage de l'expédition *Stairs*, la fin tragique de Msiri et celle du brave capitaine belge Bodson. Le drapeau de l'État flottait au sommet du Nkuru, montagne au pied de laquelle était construite, lors de notre première arrivée, la résidence de Msiri. Nous gagnâmes de nouveau le poste de Lofoï ; nos gens étaient exténués ; ils s'y reposèrent à leur aise ; pour moi je fus chargé de procurer de la viande en chassant dans les grandes plaines avoisinant le poste. Les zèbres y sont très nombreux, il n'est pas de jour où j'ai chassé sans en voir des bandes de trois cents et même de cinq cents. Leur chasse est facile : confiants dans leur nombre, ces animaux se laissent aisément approcher.

Ce fut au poste de Lofoï que j'appris l'arrivée de *Jacques* au Tanganika. Stairs avait apporté cette nouvelle.

Hourrah ! Tanganika ! — Enfin, au commencement de juillet, nous nous mettions en route pour gagner le Tanganika. Après avoir longé toute la chaîne des monts Koundiloungou, passé le Luapula à sa sortie du lac Moëro, traversé le pays montagneux du Marungu, nous arrivâmes au lac Tanganika, le 18 août 1892.

Ce fut presque à la nuit tombante que, pour la première fois, nous vîmes cette magnifique nappe d'eau et que nous pûmes nous écrier à notre tour : *Hourrah ! Tanganika !* Nous étions à plus de 700 mètres au-dessus du lac, sur le bord d'un immense plateau qui finissait brusquement et dont le talus se perdait dans des massifs d'arbres. Le lac était calme, ses eaux se profilaient à peine sur l'horizon, que la brune commençait à envahir.

Le mont Rumbi, à l'est, tranchait franchement sur le fond du tableau. Cette masse isolée nous sembla grandiose, elle avait quelque chose d'énigmatique et d'écrasant. Derrière nous le massif du Marungu s'étendait à perte de vue. Nous savions que nous étions proche d'une station de l'État et d'une mission, mais là se bornaient nos renseignements. Les indigènes en donnaient bien d'autres, mais incertaines.

Rencontre du capitaine Joubert avec Jacques et ses compagnons Renier, Docquier et Vrithoff, sur le Tanganika.

Cette rencontre se fait à la p. 84 (2ᵉ expéd.)

Rencontre du capitaine Joubert. — Jugez de notre surprise lorsque vers huit heures du soir nos sentinelles nous amenèrent un grand diable de soldat en tenue fort correcte, son fusil en bandoulière, un billet dans une main, un panier dans l'autre. C'était un courrier que le capitaine Joubert nous envoyait ; il avait entendu sonner nos clairons, disait-il, et regrettait beaucoup de n'avoir pu se porter à notre rencontre, très occupé qu'il était d'envoyer une expédition de secours au capitaine Jacques, qui se trouvait bloqué sur la Lukuga par les Arabes. Ses deux compagnons, le Père Herbaut et le Père Roelens, se joignaient à lui pour nous souhaiter la bienvenue.

Au bas de la missive, un post-scriptum nous priait d'accepter le colis dont le soldat était porteur. Vous ne devineriez probablement pas ce qu'il contenait ce colis : c'était du pain ! Oui, du pain, dont nous avions été privés pendant deux ans et demi ! Je ne crois pas pour ma part avoir mangé de mets qui m'ait paru plus exquis que le pain de Joubert, et certes je m'en souviendrai longtemps.

Le lendemain nous étions installés sur cette plage, où nous trouvions trois amis. Quel est ce capitaine **Joubert**, qui nous avait tant intrigués ? Un breton, un vrai, celui-là : petit, sec, nerveux, des yeux noirs très vifs, mais profondément bons ; sa voix est très douce, son accueil fut d'une simplicité et d'une cordialité touchantes. Il habite une grande maison en adobe, qu'il partage avec sa femme, une noire chrétienne, et sa fillette. En moins d'une heure, l'intimité fut établie avec Joubert. On se figurait être chez soi, sentiment instinctif d'ailleurs, car les pigeons et les poules prétendent aussi se trouver chez eux et avaient, m'a-t-il semblé, quelque répugnance à me céder la place.

Existence étrange que celle de Joubert : d'abord zouave du Pape, il assiste à toutes les journées de cette guerre que Pie IX dut soutenir contre l'Italie et y gagne le grade de capitaine. Plus tard on le retrouve avec le général de Charette sur le champ de bataille de Patay, luttant contre l'ennemi de sa patrie. Licencié de nouveau, il offre ses services à Monseigneur Lavigerie, réside à Alger, va à Zanzibar, puis sur le Tanganika, vouant sa vie à la défense des noirs contre l'envahissement des traitants arabes. Vie toute de dévouement et d'abnégation, sans ambition aucune. Confiant dans le lendemain, exemple de courage et de bravoure, plaçant Dieu par dessus tout, tel était notre nouvel hôte, un chrétien des premiers siècles.

Au secours du capitaine Jacques. — Sachant notre brave compatriote dans une situation critique à Albertville, M. Delcommune décida de voler à son secours, de concert avec le capitaine Joubert, et je demandai naturellement à être de la partie. Donc, le 22 août, nous nous embarquâmes, Joubert, Delcommune, Cassart et moi, avec vingt de nos hommes sur une grande pirogue indigène qui pouvait marcher à la voile. Le lac était calme, la voile ne s'enflait pas, il fallut ramer toute la journée. Nous avancions lentement, côtoyant la rive à quelques milles du bord, défilant au pied de ces énormes montagnes de granit qui bordent le lac sur une grande partie de son circuit. La scène était ravissante : un ciel d'un bleu clair, des eaux verdâtres et transparentes ; à l'orient l'immense perspective d'une mer par un calme plat, et à l'occident les hauts massifs du Marungu et du Tanganika. Ceux-ci se dressent presque verticalement et découpent le ciel de leurs bizarres silhouettes. Le mont Rumbi apparaît loin derrière nous, la tête à demi ensevelie dans les derniers brouillards du matin. Saint-Louis de Rumbi, le poste de Joubert, s'aperçoit un peu en avant du pied du formidable massif. Avec ses murailles rouges couvertes de meurtrières et ses tours d'angle, on le prendrait pour un vieux castel désert.

Nous arrivâmes à **Mpala** pendant la nuit. De ce poste, fondé par le capitaine Storms en 1883, il ne restait qu'un pan de muraille, et sur son emplacement s'élève aujourd'hui un monastère en briques rouges, œuvre d'un architecte fort habile, le Père Guillemé. Ce Père Guillemé est certainement une des figures les plus frappantes que nous ayons rencontrées au cours de notre voyage. Notre expédition lui a conservé un souvenir tout d'estime et d'affection : souvenir d'estime pour les œuvres qu'il a créées, car sa direction à Mpala a fait placer cette station parmi les premières de l'État, au point de vue colonial ; souvenir d'affection pour son hospitalité, car lui aussi est breton, et il pratique admirablement cette vertu de ses compatriotes.

Enfin le 23 août, par une nuit noire, alors que notre barque glissait lestement, poussée par le vent d'arrière, nous aperçûmes de grands feux à la côte, dans la direction d'Albertville. Mais ces feux, étaient-ce les bivouacs arabes ou les postes de Jacques ? La barque filant toujours, on distingua bientôt les clameurs qui montaient de la rive. Un instant nous fûmes anxieux, les marins abattirent la voile, tout le monde se tut à bord, la barque stoppa. Qu'allions-nous faire ? Soudain : « Par ici ! » cria une voix dont les ondulations semblaient rouler sur l'eau. C'était Jacques ! et rompant le silence général, une clameur frénétique répondit: *Kaputi !* (c'est le sobriquet donné à Jacques par les indigènes). Certes, cette voix qui s'était fait entendre dans la nuit m'avait ému. Il faut avoir vagabondé et souffert, comme nous l'avions fait dans cette expédition du Katanga, pour deviner le sentiment que vient éveiller tout à coup la voix d'un ami invisible qui vous appelle.

On concevra plus aisément que je ne puis le dire, avec quel empressement et quelle émotion Jacques et Diderrich, tous deux citoyens de Vielsalm et amis de vieille date, se jetèrent dans les bras l'un de l'autre, et cela aux antipodes presque du lieu natal !

Mais bientôt on courut au plus pressé. Il s'agissait d'enlever le boma où l'Arabe Toka-Toka tenait Jacques en échec dans son fort d'Albertville, distant de deux kilomètres à peine.

L'assaut du boma arabe fut décidé pour le surlendemain, 26 août. L'attaque eut lieu au petit jour, vers quatre heures du matin. Le défilé des 400 hommes de Jacques et de Joubert au pied du fort avait quelque chose de poignant. Les derniers adieux et les dernières recommandations, échangés avant de prendre chacun son poste, causèrent un moment d'incroyable impression.

Nous tînmes le siège devant le boma pendant plus de douze heures, souffrant de notre position découverte vis-à-vis de l'ennemi, brûlés par le soleil et dévorés par la soif. Les gredins assiégés en souffraient plus que nous, car vers le soir, ne tenant plus contre nos coups de fusils, ils se disposaient à abandonner la place, lorsqu'une panique étrange causée par la mort d'un nyampara mit les nôtres en fuite. Les exhortations des chefs furent inutiles, et le soir venu, il fallut lever le siège. L'affaire nous avait coûté une vingtaine d'hommes et des milliers de cartouches; mais l'ennemi a dû souffrir davantage, ce qui le rendra plus circonspect pour l'avenir. Ah! si Jacques avait eu dès lors un canon, — qu'il réclama depuis, — le résultat eût été tout autre et il eût gagné une année.

Cassart et moi, nous restâmes à Albertville jusqu'au 10 septembre, partageant la vie et les travaux de ses braves habitants. Pendant que Jacques et Cassart maçonnaient les murs du fort, je parvins à creuser un four à chaux, où j'obtins un fort bon produit en faisant calciner les nombreux coquillages qui bordent les rives du lac.

§ VI. — Le lac Tanganika.

Notre expédition séjourna près de deux mois sur les rives du **Tanganika**. Ce temps me permit de parcourir la région comprise entre Saint-Louis de Rumbi et la Lukuga, et de l'étudier en détail, surtout au point de vue géologique. La configuration du lac est assez bien celle d'une cuve profondément encaissée et douze fois plus longue que large. Le grand axe atteint environ 630 kilomètres et le petit axe varie entre 16 et 90 kilomètres. Les berges s'élèvent en leur point culminant à 2130 mètres. C'est l'altitude du pic Soumbourousa, situé à la pointe nord du lac. Ce haut massif s'affaisse tout à coup aux environs du cap Tembwé, situé entre Albertville et Mpala, ce qui permet l'épanchement des eaux de la cuve par le canal de la Lukuga, dont le seuil ou bief supérieur est à 820 mètres au-dessus du niveau de la mer.

La cuve du Tanganika est alimentée par les eaux de plus de cent affluents, dont les plus importants sont: le Malagarazi, situé au nord d'Oudjiji; le Lofu, qui se déverse à la pointe nord, et le Lufuko, qui arrose les terres de Mpala.

La profondeur moyenne, suivant la ligne médiane du lac, oscillerait entre 200 et 300 mètres. M. Giraud donne une profondeur maximum de 647 mètres, mesurée au large de Karéma.

Une partie de cette colossale masse liquide se déverse par la Lukuga lorsque le canal fonctionne, une autre partie se perd par évaporation et celle-ci est considérable, car la superficie du lac atteint 31.450 kilomètres carrés, plus que l'étendue de la Belgique.

Son nom. Le Tanganika, étant formé de l'apport d'affluents d'eau douce, participe à leur nature. Le mot Tanganika, en langage indigène, signifie « lieu du mélange »; nous en avons eu la preuve à la jonction des deux branches mères du Congo, le Lualaba et le Luapula; les Baloubas appelaient cette jonction Tanganika-Lualaba. Le nom de Tanganika, que Burton et Speke consacrèrent au lac, quand les premiers, ils l'aperçurent le 15 février 1858, n'était donc qu'un nom générique pouvant s'appliquer à tous les lacs de cette contrée de l'Afrique centrale. Je me hâte de dire que Tanganika est la seule dénomination que j'aie entendu donner par les indigènes au lac qui nous occupe, et ceux qui habitent ses rives n'en ont jamais recueilli d'autres. Burton et Speke n'avaient donc pas à choisir. Les Arabes de l'Est, qui au début de leur occupation appelaient le lac « Mer d'Oudjiji », ont eux-mêmes définitivement adopté cette désignation de Tanganika.

Le lac se présente généralement comme une mer calme d'un bleu verdâtre, qui se profile sur un horizon d'un bleu très adouci. De temps à autre, les vents viennent jeter de longs frissons sur la nappe liquide. Mais le Tanganika a aussi ses moments de colère : quand la tempête souffle, c'est une mer furieuse, aux vagues hautes et courtes, qui viennent s'abattre contre la falaise et peuvent en un clin d'œil, par leur retrait subit, fracasser la plus solide des embarcations indigènes.

Une grande partie de nos soldats et plusieurs d'entre nous gagnèrent le mal de mer sur le parcours de Saint-Louis à Albertville. Les embarcations, dont noirs et blancs se servent pour naviguer au large du Tanganika, ne sont réellement que de très grandes pirogues munies d'un mât central, coiffé d'une chappe à deux poulies pour permettre de hisser une large voile quadrangulaire. Faute de vent, on doit se résigner à naviguer à la rame. Les rives mêmes du lac fournissent les arbres pour la construction des pirogues; qu'on juge si ces arbres doivent être de belles dimensions : nous sommes partis de Saint-Louis sur deux pirogues avec 125 hommes et des charges.

Le caractère des **tribus riveraines** du Tanganika est tranquille et doux, mais un de ses côtés les plus frappants, c'est je ne sais quoi de défiant qui les met en garde contre leurs meilleurs amis, et qui doit provenir de leur long asservissement. Les populations qu'il nous a été donné de voir étaient très industrieuses et très intelligentes : elles excellent dans le travail de la vannerie et de la poterie ; les forgerons du Marungu sont les plus expérimentés et les plus entendus de ceux que j'ai rencontrés en Afrique. L'agriculture et la pêche surtout sont les deux principales occupations des habitants, car le lac abonde en poissons exquis, et les terres riveraines sont généralement très fertiles. Les indigènes se nourrissent de manioc, de patates douces, d'arachides, de maïs; ils tirent une très bonne huile de la graine de sésame et de l'éleusine. Les Arabes leur ont enseigné la culture du riz, lequel entre pour une large part dans leur alimentation. Nos produits européens commencent, eux aussi, à prendre de l'extension et à entrer dans l'alimentation des indigènes. Les terres du Tanganika résultent de la décomposition des roches granitiques en général, des pegmatites et des calcaires. Ces terrains sont tout à fait favorables à nos céréales, et pour s'en convaincre, il suffit d'avoir parcouru ces grands champs de blé et de pommes de terre de Mpala.

La mission des Pères Blancs de Mpala, et celle de Kibanga, plus au nord du lac, comptent parmi les rares installations européennes de l'Afrique centrale, qui savent se subvenir à elles-mêmes par leurs cultures et leur élevage du bétail. Les résultats obtenus par les Pères Blancs au Tanganika sont tout à fait remarquables, et leur initiative autant que leur activité est digne d'éloges.

Les indigènes préparent avec le maïs et le sorgho une boisson fermentée qu'ils appellent poumbé, et qui, à la rigueur, peut rappeler la bière à des gens qui, comme nous, en avaient été longtemps privés.

Le Masenzé fournit un excellent tabac, très noir et très fort, estimé sur toute la côte, car tous les riverains sont grands fumeurs et grands priseurs.

Je rencontrais un jour des ronces chargées de mûres: malgré l'exemple que je leur donnais, les hommes qui m'accompagnaient ne voulurent point toucher à ces fruits, qu'ils prétendaient être vénéneux.

En général, **le climat** du Tanganika est très salubre. C'est l'avis de tous ceux qui y ont séjourné; certains endroits du nord du lac, très restreints d'ailleurs, le sont moins, mais il faut en chercher la cause dans la présence des marais. L'altitude de cette région et la fréquence des vents sont certainement deux des plus grandes causes de la salubrité de ce pays. Pendant notre séjour au Tanganika, qui a duré près de trois mois, nul d'entre nous n'a eu à souffrir de la fièvre; le capitaine Joubert et les missionnaires n'en souffrent que très rarement.

Il est un phénomène qui se manifeste très peu ou pas dans l'État du Congo, et qui semble s'être localisé dans la région du Tanganika. J'entends parler des tremblements de terre.

Le major Cambier, alors qu'il résidait à Karéma, fut un des premiers à signaler ces phénomènes. Voici ce qu'il écrivait à la date du 24 septembre 1879.

« Comme fait de quelque importance, je n'ai à signaler qu'un tremblement de terre, que nous avons ressenti chez Simba le 30 août vers midi. Les secousses peu violentes y ont duré environ une demi-heure, et ont été précédées d'un bruit comparable à celui d'un chariot lourdement chargé et roulant avec rapidité.

« Les indigènes avec qui je causais en ce moment ne témoignèrent ni étonnement ni frayeur. Ils me dirent que c'était l'âme d'un sultan décédé depuis longtemps, qui passait sous la terre, et que son passage annonçait la mort prochaine d'un personnage important. Ils ont ajouté que ce phénomène se répétait toutes les années... »

Faute de place, force nous est de terminer ici la relation de M. Diderrich, que déjà nous avons dû abréger bien à regret dans son étude savante de la contrée du Tanganika.

Il nous reste à narrer brièvement le retour en Belgique des expéditions Delcommune et Bia-Francqui.

CHAPITRE III.

Retour en Belgique.

§ I. — Du Tanganika à Bruxelles.

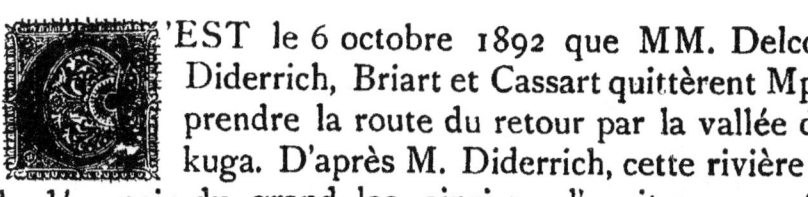C'EST le 6 octobre 1892 que MM. Delcommune, Diderrich, Briart et Cassart quittèrent Mpala pour prendre la route du retour par la vallée de la Lukuga. D'après M. Diderrich, cette rivière est bien le déversoir du grand lac, ainsi que l'avait reconnu Cameron en 1874. Mais ce déversoir ne fonctionne pas continuellement, à cause de l'ensablement qui se produit au seuil de partage, à la naissance même de la rivière, que l'expédition suivit dans tout son parcours jusqu'au confluent du Luapula.

De ce point, elle remonta le fleuve jusqu'à Ankoro, au confluent du Luapula et du Lualaba, et s'assura que le premier de ces cours d'eau est le véritable Congo, dont la tête est le Tchambézi, situé en territoire anglais.

Continuant sa marche à l'ouest, l'expédition traversa les plaines qui séparent le Lualaba du Lomami, et passant cette dernière rivière presque à la hauteur de l'embouchure de la Lukussi, elle se retrouva de nouveau à Gongo-Lutété, le 19 novembre. Là elle apprit, du résident Duchesne, les brillantes victoires de Dhanis et comment Gongo lui-même était devenu l'instigateur de toute cette campagne contre les Arabes, mais aussi la désolante nouvelle du massacre de l'expédition Hodister.

De Gongo-Lutété on gagna Lusambo le 7 janvier 1893, et là on fut rejoint par MM. Francqui, Cornet et Derscheid, de l'expédition Bia, pour faire route ensemble.

Le steamer *Princesse Clémentine* ramena à Léopoldville les membres des deux expéditions, qui refirent à nouveau la route des caravanes, mais plus joyeusement que la première fois ; enfin le 14 mars 1893, ils s'embarquèrent à Boma pour débarquer à Lisbonne le 19 avril suivant.

Le voyage de l'expédition Delcommune avait duré deux ans et neuf mois ; celui de l'expédition Bia-Francqui un an et onze mois.

Le capitaine Joubert, chef des forces antiesclavagistes à Baudouinville, sur le Tanganika.
(Gravure extraite du Mouvement antiesclavagiste.) (V. p. 159.)

§ II. — **Résultats scientifiques des deux expéditions.**

Sans parler du résultat des investigations au point de vue des produits du sol et des mines, on peut affirmer que l'expédition Delcommune est surtout féconde pour la science géographique.

Deux rivières se voyaient tour à tour attribuer l'honneur d'être la branche initiale du Congo : le Luapula et le Lualaba. Delcommune, le premier, a résolu le problème. Le Luapula, qui traverse les lacs Bangwélo et Moéro, doit être considéré comme le cours supérieur du Congo.

Et d'après le lieutenant Francqui, lequel a pris avec un zèle au-dessus de tout éloge le commandement de l'expédition Bia, après la mort de son chef, les sources du Congo sont celles de la rivière appelée Tchambézi, qui se jette dans le lac Bangwélo ; elles se trouvent donc en dehors de l'État du Congo, dans la sphère des intérêts anglais.

Une autre constatation intéressante, et peut-être regrettable, c'est que les grandes mers intérieures, telles que les lacs Moéro et Bangwélo, se dessèchent sensiblement et perdent de leur ampleur.

Le Tanganika lui-même tendrait à se vider, si le débouché de la Lukuga se creusait suffisamment ; mais la grande profondeur du lac (600 mètres) le met à l'abri d'un épuisement complet, et il peut à bon droit passer pour une mer intérieure.

Les deux expéditions rapportent d'autres renseignements inédits. Le lac Landji, indiqué sur toutes les cartes comme recevant les eaux du Tanganika, n'existe pas et doit être remplacé par deux expansions latérales du Lualaba. Les sources du Lualaba ont été reconnues par Francqui, à environ 25 kilomètres de celles de la Lufila, sur un vaste plateau qui forme la ligne de faîte entre le bassin du Congo et celui du Zambèse.

Elles rapportent aussi la détermination de plus de quatre-vingts positions géographiques et de plus de mille altitudes de la région du Katanga, dont une carte complète pourra être dressée.

Au cours de leurs voyages, les explorateurs Bia et Francqui ont eu l'occasion de rendre un hommage, depuis longtemps demandé par la *Royal geographical Society* de Londres, à la mémoire de Livingstone. Traversant les limites de l'État ils ont pénétré sur le territoire anglais et ont été au village où est mort le grand explorateur, au sud du lac Bangwélo, placer sur un arbre planté au milieu des cases une plaque en bronze portant les mots :

> DAVID LIVINGSTONE,
> died here (mort le) 1^n May 1873.

Au point de vue politique, les expéditions ont remporté également de grands avantages. Les territoires compris entre le lac Moéro, la rivière Luapula et le lac Bangwélo, d'une part, et le 24e degré de longitude, d'autre part, jusqu'aux confins du bassin du Zambèze, ont été soumis à l'État.

C'est là un résultat fort important, car on se rappelle que ces territoires avaient été revendiqués par les Anglais. Le résultat politique égale donc le résultat scientifique : ainsi nos hardis et courageux explorateurs ont bien mérité les ovations qui leur ont été faites en Belgique.

Réception solennelle des explorateurs du Katanga.
— La réception des explorateurs du Katanga a eu lieu au Palais des Académies avec une grande solennité. S. M. le Roi honorait cette fête de sa présence, ainsi que M. Van Eetvelde, ministre de l'État du Congo.

La grande salle du Palais des Académies était remplie d'une foule nombreuse et élégante. A droite de la salle avaient pris place les familles des explorateurs. A gauche, une assistance d'élite, un grand nombre d'hommes politiques : sénateurs, députés, les membres du Conseil supérieur de l'État indépendant du Congo, beaucoup d'officiers et de dames.

Dans la tribune diplomatique se trouvaient S. É. Mgr Nava di Bontife, nonce apostolique; les ministres plénipotentiaires d'Allemagne, de Hollande, de Portugal. Dans la loge ministérielle étaient M. Beernaert, chef du cabinet; MM. les ministres de Burlet, Pontus, de Mérode, M. Woeste, ministre d'État.

M. Urban ouvre la séance et invite les chefs des expéditions, MM. *Delcommune* et le lieutenant *Francqui*, à prendre place à ses côtés. Les heureux compagnons de ces vaillants explorateurs, qui sont aujourd'hui à l'honneur après avoir été avec eux à la peine, sont : le lieutenant Jules *Derscheid*, le docteur *Briart*, M. *Cornet*, docteur en sciences naturelles, l'ingénieur *Diderrich* et le docteur *Amerlinck*.

M. Urban remercie et félicite les explorateurs pour les grands services qu'ils ont rendus à la Société du Katanga, à l'État du Congo et à la civilisation de l'Afrique.

M. Diderrich, au nom de M. Delcommune, retrace en grandes lignes le voyage des explorateurs au Katanga.

M. Francqui expose en quelques mots la marche et les résultats de son expédition.

M. Leclerq, président de la Société de géographie, fait ressortir en termes heureux et émouvants les services éminents rendus par les explorateurs à la science et à la civilisation. Ils peuvent revendiquer une place parmi les plus grands explorateurs de l'Afrique en ce siècle.

Après ces discours, très applaudis, le major Thys, officier d'ordonnance du Roi, annonce que la commission organisatrice des fêtes a fait frapper des médailles pour perpétuer le souvenir de ce jour mémorable.

Voici l'ordre dans lequel elles ont été distribuées :

Médailles d'or au lieutenant Paul Le Marinel, commandant au Congo, reçue en son nom par son frère le capitaine Georges Le Marinel; et à M. Alex. Delcommune, chef d'expédition;

Médailles d'argent aux familles des capitaines Bia et Stairs, morts au Congo ;

Médaille en vermeil au lieutenant Francqui ;

Médailles d'argent au lieutenant Derscheid ; au capitaine Descamps, qui vient de repartir en Afrique pour prendre le commandement de l'expédition antiesclavagiste, envoyée au secours du capitaine Jacques ; aux familles du lieutenant Ackassase et du capitaine Bodson, morts en Afrique; au lieutenant Legat et au sergent Verdich, actuellement encore en Afrique; au marquis de Bonchamps, qui demande en ce moment au climat du Midi le rétablissement de sa santé ébranlée ; à l'ingénieur Diderrich, au docteur Briart, au baron de Roest, au docteur Amerlinck, à M. Cornet, qui sont revenus avec Delcommune et Francqui ; au sergent Cassart, encore au service de l'État indépendant.

Les explorateurs présents, à l'appel de leur nom, s'avancent vers la loge royale au milieu des applaudissements de l'assistance. Sa Majesté leur remet la médaille qui leur est destinée en les félicitant longuement, leur serrant la main avec effusion et donnant ensuite le signal des applaudissements.

M. Alex. Delcommune reçoit, en même temps que la médaille, la croix de chevalier de l'ordre de Léopold qui vient de lui être conféré.

Un incident touchant s'est produit à l'appel du nom du sergent Verdich : la famille de ce brave était représentée par un oncle, vieux paysan en sarrau, qui s'est avancé vers le Roi tout rayonnant de joie, et avec lequel Sa Majesté s'est entretenue avec bonhomie pendant plusieurs minutes.

§ III. L'ingénieur Diderrich et le petit Kalala.

M. Norbert Diderrich, né en 1867 à Vielsalm, est un élève du pensionnat de Carlsbourg, dirigé par les Frères des Écoles chrétiennes. Il y fit ses classes professionnelles de 1880 à 1885, en même temps que deux des frères du capitaine Jacques, puis entra à l'Université de Louvain, d'où il sortit en 1889 avec le diplôme d'ingénieur civil et des mines. Rentré à Carlsbourg en qualité de professeur de géologie à la section agricole, il partit en 1890 pour l'Afrique comme adjoint de M. Delcommune, avec mission de faire la géologie des contrées parcourues. Arrivé au Tanganika, il fut heureux de rencontrer et de secourir son compatriote, le capitaine Jacques, qui rend à sa valeur le plus bel hommage : « *Norbert, écrit-il, s'est battu vaillamment à mes côtés, et je suis heureux de pouvoir crier bien haut : C'est un brave !* »

Depuis 1894, M. Diderrich est promu par l'État congolais à la direction de l'industrie et de l'agriculture au Congo. Il fut chargé d'organiser à Anvers l'exposition congolaise, et particulièrement l'intéressant village nègre, où le public visitait avec plaisir les spécimens des tribus des Bangalas, des Basokos et autres, dans les exercices de leur vie africaine.

C'est à Anvers également que nous eûmes l'avantage de refaire la connaissance de M. Diderrich. Il voulut bien nous confier son « jeune boy », le petit *nègre Kalala*, qu'il avait ramené du Congo, et au sujet duquel nous croyons intéressant de donner quelques détails.

Cet enfant, originaire du Katanga, venait (1892) de perdre son père et sa mère, tués dans une razzia par les Arabes esclavagistes, lorsqu'il fut recueilli par l'expédition Bia-Francqui, puis par l'expédition Delcommune, dont faisait partie M. Diderrich. Celui-ci gagna l'affection du petit orphelin, qui s'attacha à sa personne pendant le reste du voyage, depuis le Katanga jusqu'au Tanganika, où Kalala eut l'occasion de voir le capitaine Jacques et le capitaine Joubert, dont il a conservé le meilleur souvenir.

Au retour de l'expédition, le petit congolais, alors âgé de 9 à 10 ans seulement, mais déjà grand et fort, sut parcourir à pied les quatre cents lieues qui séparent le Tanganika de Boma et de la côte occidentale. De Boma, M. Diderrich, partant pour l'Europe, confia son jeune protégé à M. Van den Plass, qui, l'an dernier, l'amena en Belgique. Kalala passa l'hiver à Vielsalm, dans la famille du capitaine Jacques et chez les amis de M. Diderrich lui-même.

Puis ce dernier s'adressa naturellement aux bons soins des Frères de Carlsbourg pour faire l'éducation de son jeune nègre, et le préparer surtout à recevoir le baptême. Celui-ci fut accueilli avec empressement et avec affection par le Frère directeur et les professeurs de l'établissement, par tous les élèves, tous heureux de trouver l'occasion de connaître de près cette race congolaise, si sympathique désormais aux Belges.

Il est vrai que le jeune Kalala, qui sort de la tribu des Baloubas réputée pour sa beauté relative, est déjà, à 11 ans, de la taille et de la force des autres élèves de 14 et 15 ans. Il mérita, du reste, les sympathies de tous par son caractère même, sa docilité, ses manières distinguées, acquises dans le commerce des blancs.

Mais le pauvre enfant restait encore plongé dans les ténèbres du paganisme, et il nous était confié surtout pour en faire un chrétien. Après deux mois d'instructions spéciales très suivies, il se trouvait en état d'être admis au baptême.

A cet effet, le 12 juillet 1894, nous le conduisîmes à Gand, où Mgr Antoine Stillemans avait accepté d'être le parrain du nouveau chrétien. Le prêtre officiant était M. le doyen de Saint-Bavon. La marraine fut Mme la comtesse Georgine d'Ursel. M. le comte Hippolyte d'Ursel, commissaire général de l'exposition d'Anvers, était lui-même présent, ainsi que M. Norbert Diderrich. Cet ensemble de circonstances explique les noms d'*Antoine-Hippolyte-Georges-Norbert-Marie*, donnés à *Kalala*, régénéré par le baptême.

Le nom de Kalala, qui, dans la langue balouba, signifie « l'Écureuil », lui restera comme nom civil.

Le jeune homme rentra pour quelque temps au pensionnat de Carlsbourg, où il acheva, grâce à son intelligence remarquable, d'acquérir le degré de connaissances possible, pour lui, dans la religion, la lecture et l'écriture.

Le 4 octobre, il fit sa première communion dans la chapelle de l'établissement, en présence de tous les élèves rentrés des vacances. Puis, comme M. Diderrich, déjà reparti pour le Congo, le réclamait, Kalala quitta Carlsbourg, avec un regret tempéré toutefois par son vif désir de revoir sa chère patrie.

Le 5 octobre, nous le conduisîmes à Namur, où Mgr Decrollière, enchanté de ses belles dispositions, lui accorda la faveur de la confirmation.

Enfin, le lendemain, nous le remîmes à Anvers, à bord du *Coomassie*, entre les mains de M. Jules Cottin, partant pour Boma, et en présence de M. le capitaine Jacques, qui lui aussi avait voulu faire ses adieux au jeune africain.

Quelque temps après, notre cher Kalala, arrivé chez les Sœurs missionnaires à Matadi, nous donna de ses nouvelles, et M. Cottin nous assura de la bonne conduite du jeune chrétien, qui sera, dit-il, « un véritable apôtre » pour ses compatriotes encore païens.

Espérons-le ainsi. Espérons de plus que les autres jeunes nègres et le nombre plus grand de jeunes négresses élevés en Belgique notamment par les soins de M. l'abbé Van Impe, à Gyseghem, et des Sœurs de Gand, rentreront dans leur patrie pour y semer la doctrine et les mœurs catholiques, si consolantes pour cette malheureuse race noire, qui jusqu'ici n'avait connu que les atrocités païennes.

Comptons surtout, pour obtenir ce beau résultat, sur les efforts tentés en Afrique même par nos prêtres et nos Sœurs missionnaires, qui déjà y élèvent plusieurs milliers d'enfants arrachés à la barbarie, et y répandent la lumière de l'Évangile avec beaucoup de succès, ainsi que nous allons le voir dans la IVe partie de cet ouvrage.

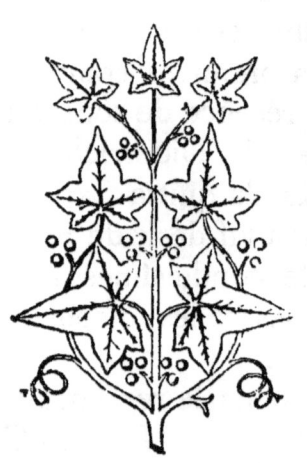

Les Belges au Congo.

Salut à toi, noble Belgique,
Gloire à tes fils, gloire à ton Roi !
Le noir habitant de l'Afrique,
Par eux sauvé d'un long effroi,
Enfin secoue un joug inique
Et sous l'égide de ta loi
Se livre au travail pacifique,
A la lumière de la Foi.

I.

O Belgique, ô chère Patrie,
Ton Roi te veut plus grande encor,
De tes gloires il te convie,
A doubler l'antique trésor,
Aux trois couleurs il associe
La bannière à l'étoile d'or.

II.

Sur les plages où les entraîne
La voix d'un sage Souverain,
Nos soldats vont l'âme sereine,
Affrontant un climat d'airain,
De l'Africain briser la chaîne
En domptant l'Arabe inhumain.

III.

Suivant là-bas même carrière,
Prêtres, soldats, main dans la main,
S'en vont fécondant la poussière
Où l'on moissonnera demain ;
La croix brille sur leur bannière
Et les guides dans le chemin.

IV.

Longtemps déjà sur ce rivage
Ton nom, ô Belgique, est béni,
Partout l'odieux esclavage
Est combattu, vaincu, banni,
Et tes soldats par leur courage
Partout font face à l'ennemi.

V.

De tes guerriers de l'âge antique,
Belge, tu soutiens le renom,
Imite leur vertu civique,
Élargis ton bel horizon ;
Couvre du Roi l'œuvre héroïque
De ton étendard brabançon.

Carlsbourg.   Louis Graide.

Le jeune Antonio-Marie Kalala, ramené du Congo par M. Diderrich, et baptisé en Belgique. (p. 169.)

QUATRIÈME PARTIE.

LES MISSIONS CATHOLIQUES BELGES AU CONGO.

CHAPITRE I.

Les Pères Blancs au Tanganika.

ORGANISATION DES MISSIONS CONGOLAISES. — Pour être complète, l'œuvre de la civilisation du Congo devait joindre à l'action militaire, qui protège, et à l'activité commerciale, qui recherche l'utile et le profit, celle de l'évangélisation chrétienne, qui moralise et élève l'âme pour la vie éternelle sans négliger le bien-être temporel.

Aussi, dès le début de la colonisation, le roi Léopold obtint-il du Pape Léon XIII et de l'Épiscopat belge l'organisation de la colonie en missions apostoliques, qui furent confiées de préférence aux missionnaires belges, prêtres séculiers ou réguliers, bientôt secondés par des Sœurs ou religieuses de plusieurs congrégations.

Nous avons raconté ailleurs (¹) quels furent les débuts de cette organisation. Il nous suffira de donner ici brièvement le tableau de la situation actuelle des missions.

L'immense territoire du Congo belge, quatre-vingts fois plus étendu que la Belgique elle-même, forme 3 vicariats apostoliques, savoir :

1º Le VICARIAT APOSTOLIQUE DU CONGO BELGE proprement dit, confié aux Missionnaires de la Société du *Cœur Immaculé de Marie*, établie *à Scheut*, près Bruxelles. Ces missionnaires, prêtres séculiers, sont aidés dans les hôpitaux et les orphelinats par les *Sœurs de Charité*, dites *Sœurs Blanches*, du diocèse de Gand. — Les *Pères Trappistes* sont installés à Coquilhatville.

Ce vicariat comprend la généralité de la contrée, dont on a

---

1. CONGO BELGE ILLUSTRÉ, par Alexis-G. M., page 187.

cependant distrait deux fractions pour former les missions ci-après.

2° Le vicariat du TANGANIKA OCCIDENTAL, confié à la Société des Missionnaires d'Alger, dits *Pères Blancs*, fondée par le cardinal Lavigerie. — *Stations :* Kibanga, Mpala, St-Louis de Mirumbi, Baudouinville.

3° La PRÉFECTURE APOSTOLIQUE DU KWANGO, partie sud-ouest du pays, attribuée aux Pères de la *Compagnie de Jésus*, de la province belge. Ceux-ci se font aider par les *Sœurs de Notre-Dame*, de Namur. — *Stations :* Kimuenza.

4° Il convient d'ajouter à ce personnel évangélisateur, les *prêtres* séculiers du diocèse de Gand, qui remplissent les fonctions de *curés* ou d'aumôniers à Boma, Matadi, etc.

Mission du Tanganika occidental.

Si nous commençons par les Pères d'Alger, c'est parce qu'ils sont les plus anciens parmi nos missionnaires au Congo. Ils sont arrivés au Tanganika en janvier 1879. — Une seconde caravane y parvint bientôt après, sous la protection d'un groupe de Belges et de Hollandais, anciens zouaves pontificaux commandés par le sergent Van Oost, qui mourut à Tabora le 27 janvier 1880. — L'année suivante, à Roumoungué dans l'Ouroundi, le sergent d'Hoop était massacré avec les Pères Deniaud et Augier, à l'instigation des trafiquants de chair humaine, qui devinaient dans ces amis des pauvres nègres, des adversaires de leur odieux commerce.

Établis d'abord à Udjidji, les Pères Blancs se retirèrent en 1885 à *Karéma*, mis à leur disposition par le roi Léopold II.

Aujourd'hui ils occupent, outre cette station située sur la rive allemande du Tanganika, les missions de *Kibanga* (Lavigerieville), au nord-ouest du lac, de *Mpala*, de *Saint-Louis de Mirumbi* et de *Baudouinville*, également sur la rive occidentale ou belge.

Les premiers Pères étaient la plupart d'origine française, et l'on doit citer avec reconnaissance et admiration les noms des Pères Moinet, Guillemé..., ainsi que le brave capitaine breton Joubert, leur providentiel chef de police.

Actuellement, ainsi qu'il a été convenu entre le Roi-Souverain et le cardinal lui-même, les Pères Blancs envoyés au Congo sont belges d'origine. Citons les PP. *Marques*, préfet apostolique ; *Roelens*, Herrebaut, Engels, de Beerst, assistés par les Frères Amand, Étienne, Stanislas, François et Arcade, partis en 1891, presqu'en même temps que l'expédition Jacques.

En 1894, les PP. Van Acker, Vander Baer et Van Thiel sont allés les rejoindre.

Joubert lui-même est naturalisé Congolais, et le Roi-Souverain lui a conféré le grade de capitaine de police du Tanganika.

Notons également, Joseph, un médecin nègre, jadis racheté au Tanganika et qui, après neuf ans d'études, après avoir suivi assidûment les cours de la Faculté de médecine de Malte, est retourné dans son pays pour servir d'auxiliaire aux missionnaires et porter à ses malheureux compatriotes le secours de son art et de sa charité.

Malheureusement, la mort a fait là aussi ses ravages. Mgr Charbonnier, Mgr Bridoux, français, les Pères Vander Straeten et Vyncke, belges, sont décédés, il y a quelques années déjà, et le P. préfet Marques, qui rendit si bon témoignage d'Alexis Vrithoff, est mort, jeune encore, en 1892. Il est remplacé comme Vicaire apostolique par le Père, aujourd'hui Monseigneur Roelens.

Le nouvel évêque, fils de nos Flandres, est né à Ardoye ; il a étudié successivement au collège de Thielt et au petit séminaire de Roulers.

En 1880, devenu Père Blanc d'Alger, il fut nommé Procureur à Woluwe-Saint-Lambert, puis professeur au grand séminaire de la Mission à Carthage et ensuite professeur de dogme à Ste-Anne de Jérusalem. C'est de là qu'il partit en 1891 avec cinq autres compatriotes pour la mission du Haut-Congo belge. En 1892, il recevait la charge de Provicaire Apostolique, précédemment occupée pendant neuf ans par le supérieur actuel de Malines, le T. R. P. Coulbois, et après lui par le regretté Père Marques.

Nous voudrions faire parler ces civilisateurs chrétiens, en reproduisant leurs intéressantes lettres, notamment l'étude ethnographique du P. Vander Straeten ; mais comme cette région du Tanganika nous a déjà beaucoup occupé à propos des expéditions antiesclavagistes, nous nous bornerons ici à une notice sur les *Pères Vyncke* et *Vander Straeten*, tous deux victimes de leur zèle.

Le Père **Aimé Vyncke** était de cette race dont parlait saint François Xavier quand, du fond des Indes, il écrivait à ses supérieurs d'Europe : « Envoyez-moi des Belges... » Il possédait les qualités de force du caractère flamand unies à la jovialité d'un tempérament robuste.

Né le 10 février 1850 à Zedelghem, village près de Bruges, il reçut ses premières impressions au milieu des traditions non contaminées de la vieille Flandre catholique.

Il n'avait pas encore dix-huit ans quand il s'enrôla dans les zouaves pontificaux ; il prit part notamment à la bataille de Mentana, et revint en 1869 continuer ses études au collège de Roulers. Entré ensuite au séminaire, il fut élevé à la prêtrise le 10 juin 1876 et placé comme vicaire à Dudzeele, qu'il transforma en quatre ans. Mais ce n'était pas assez pour son zèle.

Désireux de travailler au salut des pauvres nègres, païens et esclaves, il partit pour Alger en 1881 et s'y prépara à la rude vie de missionnaire au noviciat de Notre-Dame d'Afrique. Le cardinal Lavigerie l'attacha à la mission de Kibanga, au bord du Tanganika, où il l'envoya au mois d'avril 1883. Ce poste devint le centre de ses opérations apostoliques, et lorsqu'il l'eut converti à la foi, il le rebâtit sur un emplacement plus favorable sous le nom de Lavigerieville. C'est alors que le Père Vyncke fut nommé supérieur de la mission et qu'il retrouva le capitaine Joubert, un de ses anciens officiers aux zouaves. Hélas ! il eut la douleur de voir les villages chrétiens du Tanganika dévorés en une nuit par les flammes et leurs populations massacrées ou razziées par les traitants arabes: Kibanga, préparé à la résistance, fut seul peut-être excepté.

Cette épreuve subie, le serviteur du Christ fut jugé digne de la récompense. Vers la fin de 1888, il succombait victime du climat et des fatigues, achevant l'immolation qu'il avait faite de sa vie entière à Dieu.

Le Père **Vander Straeten**. — Les édifiants détails ci-après sont extraits d'une lettre du R. P. Guillemé à M. le Supérieur du séminaire de Woluwe-St-Lambert.

Notre-Dame de Mpala, 22 juin 1891.

Monsieur le supérieur,

« Je remplis un devoir plein de tristesse, en vous annonçant la mort du fils bien-aimé que vous avez donné à la Société des Missionnaires d'Alger. Dieu a rappelé à lui, le 20 juin 1891, le cher et Révérend Père Camille Vander Straeten, de la Mission de Mpala, où il travaillait depuis plusieurs années en vrai et dévoué soldat du Christ à la civilisation chrétienne de l'Afrique. Il a succombé à une attaque de cette terrible fièvre hématurique bilieuse qui, les années précédentes, à diverses reprises, avait fortement ébranlé sa robuste constitution.

« Au milieu de ses souffrances, il resta plein de douceur et de résignation. Jamais une plainte ne s'échappa de ses lèvres. Les yeux fixés sur son crucifix, il répétait à chaque moment : Mon Dieu, ayez pitié de moi ; Notre-Dame d'Afrique, secourez-moi !

« Parmi les dernières recommandations qu'il me fit, après avoir reçu les sacrements qui fortifièrent son âme, se trouve ce souvenir plein de vénération : « Vous direz à mon bon père et à mes sœurs que je vais les attendre au Ciel, où, je l'espère, le bon Dieu réunira toute ma famille. »

« Enfin l'heure suprême arriva ; il était prêt et s'endormit doucement, sans agonie dans les bras du Seigneur en invoquant la puissante protection de N.-D. d'Afrique.

« Il était vraiment beau sur son lit funèbre dans la calme sérénité de la mort ; et plus d'un, parmi les missionnaires présents, se disait intérieurement : Je voudrais mourir comme lui.

« Plus de 2,000 personnes l'accompagnèrent à sa dernière demeure ; quatre jeunes chrétiens, ses fils dans la foi, s'étaient réservé la consolation de porter le cercueil de celui qu'ils appelleront toujours leur père. Les pleurs et les sanglots des chrétiens qui suivaient émus, attendris, prouvaient assez quelle place il occupait dans le cœur de ces néophytes, naguère ignorants et plongés dans les ténèbres de l'idolâtrie. On sentait que tous pleuraient un père dévoué, un guide sûr. De pareils témoignages d'affection sont l'honneur de notre mission et le meilleur éloge du missionnaire qui les a mérités.

« Il a retrouvé au Ciel, nous l'espérons, les nombreux petits anges qu'il avait envoyés devant lui. En attendant la résurrection glorieuse, il repose dans le cimetière de la mission, à quelques mètres des bords du Tanganika, où sa tombe est l'objet d'une vénération toute spéciale. Qu'il repose en paix ; c'est le vœu sincère de ceux qui l'ont connu et la suprême consolation de ceux qui l'ont perdu.

« Maintenant que vous dire de ce cher fils, que vous ne sachiez ? Vous connaissez sa tendre piété, son zèle ardent, son dévouement sans bornes, son amour tout filial envers la très Sainte Vierge, à laquelle il promettait souvent des neuvaines, des messes pour le succès de sa mission et de ses prédications auprès des sauvages. C'est un samedi, selon son désir, qu'il a rendu son âme à Dieu. Que dire de ses autres vertus ? Sa bonté, sa simplicité et sa douceur étaient proverbiales.

« Pour ses confrères il était plus qu'un ami, il était un frère ; avec cela, quelle modestie ! quelle régularité de vie ! quelle fidélité à accomplir ses devoirs de prêtre et jusqu'aux moindres de ses exercices de piété ! En un mot, il fut un prêtre-missionnaire selon le Cœur de Jésus. Ses jours étaient pleins ; il avait combattu le bon combat !

« Comme vous savez, il exerça d'abord son zèle à Karéma et à Kiranda. Désigné ensuite pour le poste de Mpala, il vit s'ouvrir devant lui un champ plus vaste, où il a semé pendant plusieurs années la bonne semence du salut, avec une activité que n'arrêtait aucune fatigue et qui ne comptait pas avec le sacrifice.

« Chargé de l'évangélisation de deux centres populeux, il s'y dévoua avec un zèle édifiant, instruisant, prêchant et baptisant sans relâche. Un mois avant sa mort, il s'était livré d'une manière toute spéciale aux soins des varioleux et, pour préserver de l'épidémie des villages entiers, il se mit à inoculer à tous les enfants la variole bénigne sous mode de vaccin ; les résultats furent merveilleux et, grâce à ses soins, des centaines de personnes échappèrent à la contagion, peut-être à la mort.

« Le chant et la splendeur du culte et des cérémonies furent aussi l'objet tout particulier de ses soins. Grâce à son talent, des chants magnifiquement exécutés vinrent rehausser les cérémonies faites dans notre pauvre église et inspirer le respect aux fidèles. De nombreux enfants de chœur formés par ses soins vinrent se ranger aux pieds des autels.

« Je termine, cher Monsieur, ce souvenir pieux à la mémoire de cet ami dévoué qui fut pour moi l'égal d'un frère ; car la plume m'échappe, et mes yeux se voilent en pensant à ce confrère qui faisait le charme de notre vie commune et qui désormais manquera à nos nombreux travaux. »

N. Guillemé, prêtre-missionnaire.

Ce qui frappe le plus, c'est le bien immense opéré, en si peu de temps, parmi ces populations entièrement sauvages, par la charité et le dévouement des missionnaires. C'est aussi l'attachement et la vénération de ces pauvres noirs envers ceux auxquels ils sont heureux de donner le nom de pères. C'est enfin la bénédiction d'une douce et sainte mort, accordée à ceux qui ont sacrifié leur vie pour Dieu.

CHAPITRE II.

Les Pères missionnaires de Scheut au Congo [1].

LA SITUATION GÉNÉRALE. — Cette Congrégation, établie par le P. Verbist pour les Missions belges de Mongolie, a accepté en mai 1888, la charge des missions du *Vicariat apostolique du Congo belge*, créé à cette fin. Son siège est à Scheut-lez-Bruxelles.

Dès le 25 août de la même année, quatre prêtres, MM. Gueluy, supérieur, Huberlant, Cambier et Backer, du diocèse de Tournai, partirent pour le Congo. Ils allèrent s'établir d'abord

---

1. Les lettres reproduites dans ce chapitre sont extraites en général de l'intéressante *Revue des Missions en Chine et au Congo*, publiée à Bruxelles par la Congrégation de Scheut.

à Kwamouth, puis ils fondèrent, au mois de décembre, sur la rive droite du Kassaï, l'établissement de *Berghe-Sainte-Marie*, qui compte aujourd'hui 350 personnes, des enfants pour la plupart. La mission est dirigée actuellement par le P. Van Ronslé, qui a été nommé supérieur au Congo à la mort du P. Huberlant, ancien provicaire apostolique. Une habitation spéciale est occupée par cinq Sœurs de la charité de Jésus et de Marie.

La mission de *Bangala* (Nouvelle-Anvers) fut fondée au mois d'octobre 1889. C'est là que fut créée, à la suite d'un décret du Roi-Souverain daté du 12 juillet 1890, la première colonie d'enfants indigènes. Celle-ci compte aujourd'hui 500 pensionnaires environ. Dans ces colonies agricoles et professionnelles, sont recueillis et élevés les enfants libérés à la suite de la dispersion d'un convoi d'esclaves, ainsi que ceux qui sont orphelins ou ont été abandonnés par leurs parents.

Une seconde colonie d'enfants indigènes est installée à *Boma*.

La mission de *Moanda* et celle de *Nemlao*, situées près de Banana sur les bords de la mer, et qui appartiennent également à la Congrégation de Scheut, réunissent ensemble une centaine de catéchumènes.

Saint-Joseph de Luluabourg fut fondée le 8 décembre 1891 par le P. Cambier ; elle compte à présent 1000 catéchumènes formant environ trois cents familles. Soixante hectares de terre ont été défrichés et transformés en un beau village avec des rues et une place publique, des ateliers de charpenterie, de cordonnerie, de vannerie, de tissage, une fonderie de fer et une forge. Cinq Sœurs de Charité y enseignent la culture et les travaux d'aiguille.

A six journées de marche vers l'est de Luluabourg, se trouve la mission de *Kalala-Kafumba*, fondée au mois de juillet 1893 par le P. Cambier. Au bout de trois mois, cet établissement avait réuni 350 indigènes. A mi-chemin entre Luluabourg et Kalala-Kafumba, les Pères de Scheut préparent une nouvelle mission située à *Kiendela*. Elle n'attend plus que l'arrivée de trois Pères et de deux Frères, qui se sont embarqués pour le Congo au mois de septembre dernier.

Enfin à 11 jours de Luluabourg et à 4 lieues au sud de

Coquilhatville, d'après une photographie (voir page 175).

Lusambo, une autre mission, qui attend également des Pères de Scheut, a été édifiée par le P. Cambier. Ce poste qui, en langue indigène, s'appelle *Moteba*, a été créé avec l'argent recueilli par la vente de timbres-poste oblitérés.

Le supérieur de la Congrégation de Scheut, le R. P. Van Aertselaer, accompagné du P. De Deken, l'explorateur du Thibet, a entrepris, il y a environ deux ans, un voyage d'inspection au Congo, lequel l'a conduit jusqu'à Bangala et Luluabourg. Ils sont rentrés en bonne santé.

Mais déjà la Congrégation compte des martyrs de dévouement par la mort de MM. *Bracq, de Backer, Garmyn*, décédés au Congo, et *Huberlant*, mort en 1892 à Scheut.

D'autres les remplacent, car c'est dans l'épreuve que les œuvres divines puisent leur vitalité. Actuellement 18 Pères et plusieurs Frères sont en Afrique. En effet, les missionnaires de Scheut sont aidés, non seulement par les Sœurs de Charité, dont nous parlerons au chapitre III, mais encore par des Frères coadjuteurs dont la création est plus récente. Leurs connaissances en menuiserie et en jardinage sont d'un grand secours aux stations religieuses, tant pour l'installation des missionnaires que pour l'éducation professionnelle des enfants de la Mission.

Malgré leur titre modeste, c'est sur les Frères coadjuteurs que reposera en grande partie la transformation matérielle des stations, le premier fondement de la conversion des nègres sauvages, la conservation des forces des missionnaires, la colonisation par les noirs des territoires avoisinant les résidences. On le voit, c'est un rôle important et méritoire.

Après cet aperçu préliminaire, cédons la plume aux missionnaires eux-mêmes, qui nous raconteront ce qu'ils ont vu et fait sur cette terre africaine, pour la gloire de Dieu et le salut des âmes.

I.

A Matadi. — *Lettre du P. Huberlant.* — Le dimanche, 25 janvier 1891, je m'étais rendu à Matadi, et j'examinais les travaux si habilement conduits par les ingénieurs du chemin de fer. Je viens à croiser un groupe de nègres :

— Bonsoir, Père.

— Bonsoir, mes amis. Vous parlez donc le français ?

— Oui, Père.

— Mais d'où êtes-vous donc ?

— Du Sénégal, Père.

— Et que faites-vous ici ?

— Nous travaillons au chemin de fer. — Moi, je suis forgeron, dit l'un. — Moi, charpentier, dit l'autre. — Et moi, je suis buraliste, dit un troisième en se redressant.

— Vous êtes contents ici ?

— Oui, Père, mais il manque quelque chose : un Père pour nous dire la messe. Et, quand nous sommes malades, pas moyen de nous confesser ! quatre d'entre nous sont morts déjà, sans recevoir les sacrements.

On comprend assez mon émotion. Ces pauvres nègres étaient des indigènes du Sénégal, élevés, instruits et baptisés par les missionnaires français. Ils étaient venus chercher à Matadi un travail rémunérateur.

— Et maintenant, y a-t-il encore des malades parmi vous ?

— Oui, Père, il y en a deux.

— Allons les voir !

— Oh ! comme ils vont être contents !

Et, longeant les magnifiques demeures des ingénieurs et conducteurs de travaux, nous nous dirigeons vers le campement de ces braves chrétiens. A un moment donné, nous passons devant un quartier d'ouvriers italiens.

— Là aussi, ils sont chrétiens — me dit le buraliste. Pas nécessaire n'était de me le dire : les saluts respectueux et les sourires de bienveillance le proclamaient assez.

Nous arrivons à la demeure que se sont élevée nos Sénégalais. C'est une sorte de halle immense, garnie de deux côtés, de lits bien propres et bien astiqués. Une merveille que ces lits quand on songe qu'ils appartiennent à des nègres.

De tous côtés, je vois appendus aux cloisons, des crucifix, des images pieuses, des chapelets.

A l'endroit le plus apparent se dresse un autel — oui, un autel dédié à la Vierge Marie !

Et le buraliste — qui décidément a conscience de son importance — de me dire : « C'est ici que, matin et soir, nous récitons la prière en commun. » Et mes noirs compagnons de s'agenouiller aussitôt, et de réciter à haute voix un *Ave Maria*.

Et moi, c'est *Alleluia* que je disais dans mon cœur ; et ces bons nègres, mes frères dans la foi, j'avais envie de leur sauter au cou et de les embrasser.

— Où sont les deux malades ?
— Là-bas, Père.

Au premier coup d'œil je vis que ces pauvres ouvriers étaient perdus, s'ils ne pouvaient aller respirer l'air natal. J'ai su depuis que cette chance unique leur avait été accordée.

A Boma, il y a également un grand nombre de noirs baptisés, natifs du Sénégal et du Gabon. Mais la plupart ont plus ou moins oublié les leçons de leurs maîtres dans la Foi, ont abandonné au pays natal femmes et enfants, et vivent ici dans le désordre. Ramener au bercail ces pauvres brebis égarées, ce sera rude besogne, besogne à désespérer, si je ne savais que cette œuvre n'est pas la mienne, mais celle de Dieu.

Au premier dimanche qui suivit mon arrivée ici, il y a trois semaines, pas un seul nègre chrétien n'assista à la sainte Messe. Aujourd'hui quatorze se sont trouvés au pied de l'autel, et l'un d'eux a communié. Or, jusqu'ici, je n'avais pas pu être en rapport direct avec ces pauvres gens. N'est-ce pas le signe manifeste du travail direct de la grâce ?

Quant aux moyens que je pourrais employer personnellement pour maintenir ces convertis dans leurs bons sentiments, je n'en connais encore aucun, non plus que pour retirer du désordre leurs malheureux compagnons. Je me trompe, j'ai un moyen ; et ce moyen, j'en connais trop l'efficacité pour l'abandonner jamais : la prière. »

Nécrologie. Mort de M. Huberlant.

— Pourquoi faut-il qu'après avoir reproduit la charmante relation ci-dessus, nous devions la faire suivre de la notice nécrologique de l'auteur lui-même ?

Dieu en dispose ainsi pour récompenser bientôt la générosité de ses serviteurs, et les appeler sans doute à intercéder au ciel pour la persévérance des œuvres qu'ils ont accomplies sur la terre.

Il en est ainsi pour le P. Huberlant, provicaire apostolique du Congo belge.

« M. Ferdinand Huberlant, était né à Marchienne-au-Pont, le 18 décembre 1852. Il fit ses humanités au collège d'Enghien, collège fertile en vocations ecclésiastiques et apostoliques, d'où sortit tout entière la première caravane de nos missionnaires belges au Congo.

Vicaire à Binche, il vivait heureux au sein de l'aimable cité wallonne, lorsqu'on annonça le patriotique projet conçu par l'épiscopat belge de créer à Louvain un séminaire pour la formation de missionnaires qui se destineraient au Congo. M. Huberlant n'hésita pas un instant à sacrifier sa position par pur zèle et sans aucun entraînement ; il fut le premier à se présenter au nouveau séminaire en décembre 1886. C'est au tour de lui que vint se ranger le premier noyau des missionnaires de Louvain, que notre congrégation reçut dans son sein en 1888.

Des premiers sur le terrain de la nouvelle mission, d'août 1888 au même mois de 1892, le Père Huberlant travailla sans relâche à l'établissement de nos œuvres au Congo Belge et à la conversion des noirs. C'est là surtout qu'il nous a été donné d'apprécier ses nombreuses qualités : sa profonde piété, son obéissance parfaite, son zèle infatigable, sa constance à toute épreuve, son inaltérable sérénité, son édifiante humilité. Dans notre première communauté de Berghe-Sainte-Marie, il cumula les fonctions de maître de chapelle, de proviseur et d'économe. — Les peines continuelles qu'il se donnait en cette dernière qualité, et cela par charité pour ses confrères, avaient tellement frappé les nègres de la maison qu'ils tombèrent d'accord pour l'appeler Kwamimi « préposé aux vivres », nom qu'il accepta lui-même volontiers et consacra par l'usage.

Lorsque le premier esclave fut racheté par nous à Berghe-Sainte-Marie, ce fut le Père Huberlant qui lui brisa les chaînes et lui tint lieu de père. Que de fois nous admirâmes sa patience à l'égard de ce pupille indocile, que son maître n'avait pu, ni garder malgré ses entraves, ni conduire malgré ses grêles de coups ! C'était son cher Ekoro.

Les supérieurs du P. Huberlant, sans consulter sa modestie, qui se fût effarouchée, le proposèrent à Rome comme Provicaire apostolique. Il fut nommé par Bref Pontifical du 13 février 1891. Il prit sa résidence à Boma, chef-lieu administratif et centre d'un nouveau champ d'action, évacué récemment par les Pères français de la Congrégation du Saint-Esprit.

Résumons les travaux accomplis pendant un an et demi par le Provicaire apostolique dans le Bas-Congo.

A Boma, il aménagea la nouvelle résidence mise à sa disposition par l'État; il prépara l'installation des Sœurs infirmières à côté du pavillon établi par le Comité Anversois de la Croix-Rouge-Africaine; il ouvrit, de concert avec l'État, une école-colonie qui compte aujourd'hui 140 enfants. — A Moanda, sur la côte, il construisit la première maison des Sœurs-missionnaires, une chapelle, un sanitorium et une école de filles. — A Nemlao, près Banana, il fixa un autre groupe de Sœurs chargées de l'entretien de 65 petites filles rachetées par l'État. — A Matadi, il organisa le service paroissial confié au zèle des prêtres gantois et, dans le voisinage, à Kinkanda Saint-Antoine, le fonctionnement d'un hôpital établi par la société du chemin de fer et desservi par les Sœurs.

Ses travaux multiples et ses courses continuelles, outre les soins nombreux nécessités par l'administration générale du vicariat, achevèrent de miner sa santé. Il se faisait néanmoins illusion sur son état; il fallut toute l'autorité du supérieur général en tournée d'inspection pour le décider à rentrer en Europe et à y chercher de nouvelles forces...

D'un œil serein et d'un esprit tranquille, le P. Huberlant vit approcher lentement la mort, qui arriva le vendredi de la Passion, fête de la Compassion de la sainte Vierge, le 24 mars, veille de l'Annonciation.

Le Roi fit adresser à la Congrégation une lettre de condoléance et se fit représenter aux funérailles. L'enterrement eut lieu à Berchem-Sainte-Agathe.

C'est là que reposent les restes mortels du premier Provicaire Apostolique du Congo Belge, en attendant la résurrection glorieuse.

A. Gueluy.

II.

Baptême et mort du grand chef Ebéké. — *Lettre de M. de Wilde.*

Berghe-Ste-Marie, 12 octobre 1891.

Monsieur le Supérieur,

« Je viens d'avoir le bonheur de pêcher un gros nègre. Voici la chose.

Il y a quelques jours m'arrive le chef Ngobila.

— Bonjour, Père.

— Bonjour, Ngobila ; quelle nouvelle, mon brave ? Quelqu'un serait-il malade chez vous ?

— Chez nous, non. Mais Ebéké, le grand chef est bien malade.

— Comment, notre ami Ebéké, le père de notre petit Banzinga ? Où cela ? Chez lui ?

— Non pas ; il se trouve à Gantchou, là-bas, de l'autre côté du Congo, sur le territoire français.

— En sorte, papa Ngobila, que si demain je m'embarque en pirogue, pour aller voir notre ami Ebéké, je ne serai de retour qu'à la nuit close ; car il est bien large votre Congo !

— Non, Père ; avant le coucher du soleil.

— En ce cas, généreux Ngobila, trouvez-moi demain une barque et des rameurs ; vous serez bien payé — sourire largement épanoui du chef — et j'irai baptiser Ebéké !

Je me basais pour parler ainsi, sur ce qu'Ebéké, notre ami déclaré, avait maintes fois entendu parler de religion, et savait parfaitement à quoi s'en tenir sur Dieu, la fin de l'homme et la nécessité du baptême pour entrer au ciel.

Je pars donc le lendemain de bonne heure, traverse le fleuve, arrive à Gantchou vers midi, et m'informe aussitôt où se trouve le malade. Les indigènes, Batékés pour la plupart, me regardent interloqués, ayant l'air de se demander : que nous veut donc ce blanc ? Finalement on me répond qu'Ebéké n'est pas au village. — Comment ! Je sais pertinemment qu'il est ici ; je n'ai nulle affaire à débrouiller avec vous ; Ebéké, dont le village est près de chez nous, est notre ami ; je veux le voir et le soulager.

Enfin, on me montre une case, à dix pas de nous. J'y entre et trouve le malheureux Ebéké couché sur une natte, maigre à compter les os, anéanti, n'ayant plus que le souffle. Je l'appelle aussitôt par son nom. Le malheureux, impuissant à proférer une parole, me regarde, et une lueur de joie illumine ses yeux éteints. Comme entrée en matière, je lui parle de son village, de la mission, de notre commune amitié. Je passe de là aux choses de la foi, à la nécessité du baptême, à la contrition.

Le malade m'écoutait les yeux fermés, et rien ne marquait qu'il m'entendît et se rendît à mes raisons. J'hésitai donc à lui administrer le baptême. Même à l'article de la mort, la peau du nègre reste noire, et j'ai trop peu de connaissances médicales pour juger de l'état d'un malade d'après les symptômes internes. Je m'adresse donc aux gens du village. Ces rustres me répondent qu'Ebéké est sans doute bien malade, mais qu'il ne mourra pas, puisqu'il mange encore, boit et fume.

Voulant avoir l'avis d'un homme plus éclairé, je demande alors à être conduit chez le chef du village. On me mène à la case royale, mais ô déception, à peine suis-je entré qu'on me fait dire que le chef est absent, et que j'ai à me retirer. De malins sourires, des yeux qui clignotent m'avertissent assez qu'on se moque de moi. Mais qu'y faire ? Bientôt la situation devient plus grave, car j'entends ces paroles sortir d'un groupe: « Voilà un blanc tout seul dans notre village : lions-le, camarades ! » — Pas si facile ! répondis-je prestement ; les gens de Gantchou savent-ils si je n'ai pas en poche mon « petit fusil » revolver ? Et puis, à me toucher seulement ne feront-ils pas connaissance avec les gros fusils et les canons de Boula-Matari (l'État) ?

On me laisse passer, et j'allai près du rivage manger un morceau en compagnie de mes rameurs. Parmi ceux-ci se trouvait un certain Nlondo, déjà assez instruit en religion. Le repas fini, je dis à ce nègre : Nlondo, vous savez, vous, ce que c'est que le baptême ; venez avec moi, et dites-moi en conscience ce que vous pensez de l'état du malade !

Arrivé en présence d'Ebéké, — Père, me dit Nlondo, quand chez nous un homme est amaigri à ce point, qu'il n'a presque plus la force d'ouvrir les yeux : nous disons qu'il va mourir !

Cette franche déclaration levait tous mes scrupules. Je m'assieds donc à côté du moribond, lui renouvelle mes exhortations, lui déclare qu'il s'agit pour lui du ciel ou de l'enfer, lui offre le baptême, et lui demande de manifester son assentiment en me serrant la main. L'infortuné me répond par une contraction des doigts à peine perceptible, et surtout par un profond regard tout illuminé de bonheur. A l'instant, je lui verse sur le front l'eau régénératrice et je prononce la formule sacramentelle. Le païen Ebéké était devenu le chrétien Joseph-Marie, l'héritier du royaume de Dieu.

Je terminai par quelques paroles de consolation, et nous nous rembarquâmes. Il était environ deux heures et le soleil était brûlant comme il peut l'être au Congo. Mais je me disais que le salut d'une âme vaut bien quelques gouttes de sueur. Tout à coup mes rameurs, qui luttaient avec énergie contre le courant, s'arrêtent.

— Qu'est-ce donc que cela, flottant là-bas au milieu du fleuve ?
— Un hippo ?
— Non ! Oui ! Eh non ! dit enfin un rameur, c'est le cadavre d'un homme. — Malgré la distance, une odeur infecte nous prouva bientôt la vérité de cette assertion.

— C'est un noir, dit bientôt après un autre rameur, une victime sans doute de quelque chef barbare.

Voilà des scènes qu'on ne voit qu'au Congo ou sur les bords du Gange.

A cinq heures du soir nous rentrions à Berghe, où deux jours après j'apprenais la mort de Joseph-Marie.

Quelque jour je me rendrai à Gantchou, pour planter le signe de la rédemption sur la tombe de cet élu.

J. De Wilde, miss. apost.

Nghia, chef de Kimuenza, et sa famille, d'après une photographie (voir p. 223).

III.

L'école-colonie de la Nouvelle-Anvers. — Lettre de M. De Wilde, missionnaire au dit lieu.

Nouvelle-Anvers, 7 septembre 1893.

Mon révérend ami,

Les missionnaires viennent au Congo pour instruire les nègres ; mais, à s'acquitter de cette fonction, on apprend soi-même une foule de choses dont on n'avait pas même l'idée.

Pour vous en convaincre, permettez-moi d'interroger devant vous les élèves de notre École-Colonie, élèves qui représentent chez nous la plupart des tribus de l'immense Congo.

— Voyons, mes enfants : quand un homme vient à mourir meurt-il tout entier ?

— Dans nos villages, répond un enfant, personne ne s'inquiète de cela. — Chez nous, dit un autre, quand un chef meurt, on tue plusieurs de ses esclaves, afin que l'esprit de ce chef ne reste pas seul.

— Et l'esprit de ce chef, où dit-on qu'il se rend ?

— Dans le bois. C'est là que soir et matin on l'entend crier *hou-hou*, ou bien appeler les passants par leur nom ; ceux-ci ont peur alors et s'enfuient.

— Mais il y a d'autres esprits encore que l'esprit des gens qui sont morts ; il y a le plus grand des esprits, Dieu : sait-on chez vous qu'il y a un Dieu ?

— Oui, nous l'appelons *Nzami, Nzacomba, Fidie* ou bien *Hanza*, et d'autres noms encore.

— Et, d'après vos parents, où habite-t-il ce Dieu ?

— En haut, très loin.

— A-t-on peur de lui ? Dit-on qu'il est méchant ?

— Non, on ne dit rien.

— Et puis, les démons : vos compatriotes connaissent-ils les démons ?

— Oui, et encore les sorciers, auxquels on donne le même nom.

— Quel est ce nom ?

— Moloki (Moloch ?), Ndoki, etc.

— Et quand on dit à quelqu'un qu'il est un démon, un sorcier, est-il content ?

— Bien au contraire, il se fâche.

— Ainsi donc, on n'aime pas les démons et les sorciers ?

— Non ; ce sont des méchants.

— Des méchants ? Que font-ils ?

— Ils tuent beaucoup d'hommes, et font beaucoup de mal.

— Quel mal ?

— Ainsi, par exemple, ils pratiquent des sortilèges qui rendent un homme muet aussi longtemps que cela leur plaît.

— Autre chose, mes enfants ! Avant de venir ici, vous ne connaissiez ni le Dieu qui est bon, ni ses commandements. Mais quand vous agissiez mal, est-ce que vos parents vous réprimandaient ?

— Quelquefois, et alors mon père disait : « Si tu fais cela beaucoup, tu seras malade. » Et parfois il me frappait, en me menaçant du crocodile.

— A propos du crocodile, ne dit-on pas que quand un homme est tué par cet animal, celui-ci n'a fait qu'obéir aux ordres de l'ennemi de cet homme ?

— Oui, parce qu'il y a des hommes qui savent si bien imposer leur volonté à un crocodile, que si celui-ci reçoit l'ordre d'aller tuer un homme, il ne manque pas de le faire.

— Et ne dit-on rien d'autre par rapport à cette bête ?

— Certainement ; on dit souvent qu'un crocodile et un hippopotame font un accord : l'hippopotame s'engage à tuer un homme, que le crocodile pourra manger ; en retour le crocodile laissera l'hippopotame se repaître tranquillement des grandes herbes du fleuve.

— Eh bien ! j'avoue que vos parents savent de belles histoires. Mais voyons ! Je vous ai raconté qu'autrefois tous les hommes, sauf Noé et sa famille, ont été engloutis sous les eaux : ne dit-on rien de semblable chez vous ?

— Non, rien !

— Bien sûr ?

— Ah ! si : on raconte qu'un jour nos ancêtres voulurent aller jusqu'à la lune ; ils entassèrent, les uns sur les autres, des pieux, des pieux, beaucoup de pieux ; et ils se mirent à grimper. (Babel ?)

— Parvinrent-ils jusqu'à la lune ?

— Non, les pieux s'écroulèrent, et beaucoup d'hommes furent écrasés.

— Et pour transmettre ces histoires, y a-t-il chez vous des gens qui sachent lire et écrire, ou quelque chose semblable ?

— Non, Père. Chez nous on remplace l'écriture par des entailles dans notre peau, et la seule lettre qu'on y trace, c'est la lettre O, quand on nous perce les oreilles ; ce qui fait bien mal !

— Et pourquoi vous a-t-on percé les oreilles ? Pourquoi ce trou si large que je peux y passer deux doigts ?

— C'était pour montrer que nous étions esclaves.

— Et vos maîtres étaient-ils méchants ?

— Pas trop ; en temps ordinaire, nous mangions, nous dormions avec eux ; seulement, de temps en temps, le maître a faim, et alors il faut s'enfuir.

— Pourquoi s'enfuir ?

A cette question, nos élèves à quelque partie du Congo qu'ils appartiennent, ne répondent jamais que par un rire féroce, en exhibant leurs dents blanches comme l'ivoire, souvent limées en triangle : preuve évidente que **le cannibalisme** est général, même dans les régions où les vivres abondent, où les troupeaux de chèvres sont nombreux.

— Et dans quelles circonstances principales les maîtres mangent-ils leurs esclaves ?

— Quand un chef meurt. Quelquefois aussi, un maître dit à son esclave : « Va te laver et te baigner ! »

— Se laver !

— Sans doute ! Et quand l'esclave s'est bien lavé, le maître lui coupe la tête et le fait cuire. Aussi lorsque l'esclave a de l'esprit, au lieu d'aller se laver, il va se cacher dans les hautes herbes. Parfois aussi, le maître dit à son esclave : « Va couper des baguettes. » Et quand les baguettes sont coupées, le maître dit : « Va chercher des feuilles sèches. » Alors si l'esclave n'est pas un sot, il s'enfuit.

— Pourquoi ?

— Parce qu'avec les baguettes le maître fait un gril. Il tue l'esclave, et le fait cuire sur le gril au moyen des feuilles.

— Si faim qu'il ait, le maître ne pourrait pas cependant manger un homme à lui seul !

— Non sans doute ; mais il invite au repas ses parents et ses amis qui, à l'occasion, lui rendent la pareille.

— Et ces maîtres cruels ne les appelez-vous pas *Tatas*, Pères ?

— C'est ainsi qu'on les nomme.

— Ah ! mes enfants, quel père est-ce donc qu'un homme qui mange ses serviteurs ?

Maintenant vous le savez, vous avez au ciel un Père qui est bon, qui veut votre bonheur en ce monde et en l'autre, un père qui jamais ne restera sourd à vos prières quand vous lui direz : « Notre Père qui êtes aux cieux. » Mais n'y a-t-il pas des gens que vous craignez plus encore que vos maîtres ?

— Oh ! oui, les Arabes ! Ils tuent, ceux-là, même quand ils n'ont pas faim. Ils viennent en grand nombre et profitent de la nuit pour entourer nos villages. Ils ont des fusils ; nous, nous n'en avons pas. Vers le matin, ils tirent, ils tirent, ils crient, ils crient ! Tout le monde tâche alors de s'enfuir et de se cacher dans les broussailles. Eux nous cherchent, et si nous ne restons pas bien cachés, ils nous saisissent.

— Comment cela ?

— Ils crient : « Eh, vous, là, dans ce buisson, levez-vous ou je tire ! » Ils ne nous voient pas cependant ; mais si nous nous levons, ils nous voient.

— Et alors ils vous tuent ?

— Pas toujours : ceux qui sont jeunes, robustes et bien faits, on ne les tue pas ; mais on les force, chargés de liens, à suivre leurs ravisseurs, qui vont vite, vite. Et ceux qui faiblissent dans la marche, on les assomme à coups de crosse, on les perce d'une lance, et, pour les tout jeunes, on leur enfonce un bâton à travers le corps.

— Et vous autres, nègres, vous ne résistez jamais aux Arabes ?

— Si, quand nous sommes nombreux, et alors, on tue, on tue les Arabes, et les autres s'enfuient. Mais il en revient toujours.

Maintenant les Arabes ont peur des soldats blancs ; et vous, Père, le bon Dieu vous a envoyé pour nous nourrir et nous instruire : ah ! nous sommes heureux maintenant, et nous voulons être bons, pour vous et pour le bon Dieu, toujours, toujours !

Pauvres enfants ! Pauvres nègres !

Malheureux Congo ! Que n'a-t-on mille vies à consacrer au soulagement de pareille infortune !

J. De Wilde, *miss. ap.*

IV.

Voyage de Matadi à Lusambo. — Lettre adressée par le Supérieur général des Missions belges à son frère le chanoine Van Aertselaer, Directeur de l'Institut Saint-Louis à Bruxelles ([1]).

Lusambo, 10 février 1893. — Cher Frère,

En trente-six jours, le *Stanley* nous a transportés de Berghe à Lusambo. Au moment du débarquement, la fièvre africaine me serrait un peu les tempes. Quelle que soit ma répugnance pour toute drogue, je dus me bourrer de quinine ; la fièvre a délogé, et je me porte à merveille, ayant retrouvé le bel appétit que vous savez.

Quelles rivières que **le Kassaï et le Sankourou** ! La première, de Berghe jusqu'à Louebo, a une largeur moyenne de plus de mille mètres ; la seconde de huit cents mètres. Ce qui ajoute à l'aspect agréable de ces magnifiques cours d'eau, ce sont les îles innombrables qui en émergent, étalant comme autant de magnifiques bouquets, toutes les richesses de la végétation tropicale.

Pourtant, tout n'est pas poésie dans un voyage tel que le nôtre. On part vers le lever du soleil, pour stopper à deux ou trois heures de l'après-midi, près d'un endroit boisé. Les hommes de peine descendent alors à terre, afin de couper du bois pour le service de la machine et doivent travailler jusqu'à près de minuit pour trouver de quoi fournir dix heures de vapeur.

Ce départ tardif, le matin, ces haltes prématurées, le soir ; la marche lente du bateau qui doit éviter les bancs de sable ; les marécages où l'on jette l'ancre et dont les émanations puent la fièvre ; les moustiques et leurs congénères : tout cela manque de charme pour le moins grincheux des passagers.

---

1. *Missions au Congo*, juillet 1893.

Heureusement il y a certaines compensations : de naïfs hippopotames qui folâtrent sur un îlot et que l'on salue à coups de fusils ; des crocodiles, des milans, d'énormes canards ; des arbres comme on n'en rêve pas ; des villages cachant leurs cases pittoresques sous les buissons de la rive ; de rapides pirogues qui viennent accoster le navire au mouillage, et dont les rameurs offrent en vente des vivres et des armes ; bref, on a de quoi vaincre le spleen.

Et la *température ?* direz-vous. Durant quelques jours, le thermomètre a marqué de 34 à 38. Mais d'ordinaire, nous avons joui d'une brise assez fraîche ; je dirai même que le matin et le soir, par 22 degrés, nous avions positivement froid, et qu'en pareille occurrence des vêtements chauds sont indispensables.

Une grosse misère de notre voyage, c'est que la petite vérole a éclaté à bord avec une telle violence que, trois jours avant notre arrivée à Lusambo, nous avions débarqué vingt-cinq nègres malades (sur cinquante), et qu'attaqué du même mal, le second du bateau, un robuste hollandais, en était devenu comme fou, à ce point qu'on avait dû l'enfermer dans une cabine. Pour comble de malchance, le mécanicien souffrait d'une fièvre hématurique, et je ne sais comment nous serions arrivés jusqu'ici, si nous n'avions eu à bord un de ces hommes qui semblent faits pour les situations difficiles, M. Gillain, commandant à Lusambo. Remplaçant le mécanicien durant le jour, stimulant les coupeurs de bois jusque bien avant dans la nuit, il parvint à nous amener sans accident jusqu'à destination.

Au cours du voyage, nous avons vu quatre **factoreries** ou stations de la société anonyme belge : à Kwamouth, en face de Berghe ; à Bena-Bendi, près de l'embouchure du Sankourou ; à Bena-Louboudi, rive gauche du Sankourou, à mi-chemin, entre Bena-Bendi et Lusambo, et enfin à Bena-Gongo, à trois lieues de Lusambo.

Bena-Louboudi a pour gérant un Américain des États-Unis. En homme entreprenant et avisé comme tous ceux de sa race, il a amené des hommes du Nicaragua et de la Jamaïque, pour l'aider dans ses plantations et la récolte du caoutchouc. En quelques mois ce Yankée a élevé des bâtisses très confortables et défriché un immense terrain. Comme je lui demandais s'il était satisfait de sa récolte en caoutchouc : — Certes, me répondit-il ; je n'ai pas encore trouvé l'arbre du Brésil qui donne 30 à 35 kilos de cette matière par pied d'arbre ; mais toutes les lianes de la forêt regorgent de ce produit précieux, et voyez si les lianes abondent dans ces parages ! —

Comme cet homme avait fait des excursions dans l'intérieur du pays, je lui demandai ce qu'il pensait du Congo.

— *It is a splendid country*, me répondit-il en levant au ciel ses longs bras, *and a rich country too*.

Au moment où nous allions quitter cet estimable Américain, voici qu'apparurent tout à coup sur la rive, se dirigeant vers nous, de grandes pirogues portant le drapeau de l'État. Il y eut alors un moment de poignante inquiétude, remplacée bientôt par une joie délirante, quand on eut reconnu dans les arrivants les membres survivants des expéditions Bia et Delcommune. Expéditions glorieuses s'il en fut jamais, la dernière surtout, expéditions qui peuvent rivaliser sous tous les rapports avec tout ce qu'on rapporte de l'explorateur Stanley.

Ces messieurs nous racontent d'*intéressantes nouvelles*. Le capitaine Jacques occupe une position imprenable sans l'aide du canon. Joubert, en situation plus menacée, sera cerné. Sur le Lomami, les Arabes ont été battus à plate couture par le commandant Dhanis et les troupes de Lusambo. Un millier d'esclavagistes ont été tués dans le combat, mille autres ont péri dans la rivière, et les vaillants défenseurs de l'État ont fait six cents prisonniers et enlevé six cents fusils. Ces messieurs n'ont pas assez d'expressions pour flétrir les épouvantables excès auxquels se livrent les Arabes et leurs séides A quelque prix que ce soit, il faut écraser ces monstres, ou c'en est fait de l'État : c'est la thèse que l'on défend ici.

Arrivons maintenant à **Lusambo**, station dont la fondation ne remonte qu'à trois ans, mais dont les annales feront un jour la gloire des braves qui l'ont créée. Je le dis sans aucune restriction : tout ici me transporte d'admiration pour les vaillants officiers qui ont réalisé en trois ans cette œuvre de géants. Qu'on en juge !

Le 12 février 1890, M. le Gouverneur *Janssens*, porté par

je ne sais quel steamer, arrivait à Lusambo. Il débarquait le 13, pour planter sur la rive le drapeau de l'État, et repartit le 14, après avoir écrit à Bruxelles : « *Lusambo est fondé.* » Et ce qui pouvait sembler n'être qu'une fanfaronnade n'était que la vérité : M. Janssens connaissait ceux qu'il laissait à la garde du drapeau.

Celui-ci flottait aux abords d'une forêt que le Lusambo entoure d'un côté, que des collines ceignaient partout ailleurs. Plusieurs officiers parmi lesquels se trouvait M. Legat, s'établirent aussitôt sur la rive ; d'autres, MM. Le Marinel, Gillain, etc., se rendirent par terre à Loulouabourg, pour y recruter des travailleurs.

Tels furent les débuts : qu'est aujourd'hui Lusambo? La forêt broussailleuse a disparu ; il n'en reste que les palmiers et quelques grands arbres similaires au cèdre. Les buissons ont disparu pour faire place à de magnifiques plantations de bananiers, de papayers, de maracoujas, de manioc, de riz, de canne à sucre, de millet et de sorgho. On a construit de solides maisons en terre battue pour quinze cents indigènes: soldats, esclaves délivrés et prisonniers de guerre. Ces habitations entourent un vaste champ de manœuvre, tandis que les demeures des Européens s'étalent coquettement sur la rive du fleuve. Ajoutez à cela de vastes magasins d'approvisionnement et une batterie de quatre canons qui domine et défend le tout : et avouez que nos petits Belges n'ont pas perdu leur temps.

Pour apprécier la grandeur de cette œuvre, il faut d'ailleurs remarquer qu'étant donnée la nonchalance des nègres, il a fallu de la part des blancs, non pas seulement une surveillance continuelle, mais souvent leur travail personnel, pour le tracé des rues, les constructions, les défrichements, les plantations. Que d'activité l'on a dû déployer pour pourvoir au ravitaillement d'un personnel aussi nombreux : ceux-là seuls le comprendront qui ont vécu en Afrique.

Le résultat paraît plus étonnant encore si l'on considère les circonstances dans lesquelles il s'est produit. Dans la pensée de ses fondateurs, Lusambo devait être, non pas seulement une station militaire, mais une station militante. Au moment même de sa fondation, les Arabes poussaient de ce côté-là leurs san-

Les R. P. Jésuites Bovy et de Hert, les Sœurs Notre-Dame de Namur, et les frères Van Houtte, de Sadeleer, Coppens et Henricy. (Voir page 218.)

F. de Sadeleer. — F. Lombary. — F. Gellet.
P. Dumont. — P. Van Hencxthoven. — P. Liagre. — P. De Meulemeester.

glantes razzias et préparaient une expédition contre les Bassongos. L'arrivée des Belges les fit reculer.

Peu après cependant, ils soudoyèrent et armèrent un chef noir, le *puissant Gongo-Lutète*, lui donnant pour mission de ravager toute la contrée jusqu'au Kwango et au Lunda. Gongo-Lutète s'avança donc à la tête de 7,000 hommes jusqu'à quatre journées de Lusambo. De là, il eut l'audace d'envoyer des présents au commandant Descamps, avertissant en même temps celui-ci de son intention d'aller porter la guerre vers Loulouabourg. Descamps ne disposait que de deux cents soldats noirs exercés à la hâte ; il se crut en mesure de barrer la route au chasseur d'hommes. Il part donc à sa rencontre et lui défend de passer outre. L'autre dédaigne de lui répondre. Descamps l'attaque, lui tue pas mal de monde et met le reste en fuite. Gongo-Lutète revient une seconde fois à la charge, et le commandant Dhanis le brosse de telle façon que le chef nègre a dû finir par se détacher des Arabes et se soumettre à l'État.

Plus tard, Le Marinel et Gillain se virent forcés de pousser une reconnaissance jusqu'à *Bena-Kamba ;* en une expédition menée avec une rapidité prodigieuse, Le Marinel alla prendre possession du Katanga, à la barbe de Messieurs les Anglais ; on eut maintes fois à remettre à l'ordre des chefs du voisinage trop amis des Arabes. Et ces expéditions quotidiennes, ces alarmes continuelles n'ont pas empêché Lusambo de naître, de croître et de se développer au point où nous le voyons aujourd'hui. Et c'est pourquoi je répète que les hommes qui ont eu l'énergie de mener à bien une telle œuvre ont bien mérité de la civilisation et de la patrie.

Les nouvelles que nous apprenons ici sont excellentes. Au débarquement nous voyons six cents prisonniers de guerre rangés en file. Six cents autres vont arriver sous peu, car la première défaite des Arabes a été suivie de deux autres. Bien plus, on affirme que Mounié-Mohara (le meurtrier d'Hodister) est tué, que Séfou, le fils de Tippo-Tip, est blessé et fugitif, et que Dhanis assiège Nyangoué.

Ces dernières hostilités ont été suscitées par le brigand des Falls, fils de Tippo-Tip, que le Roi subsidiait comme gouverneur à l'Équateur. Irrité de la défection de Gongo-Lutète, Séfou entreprit de l'attaquer et de franchir pour cela le Lomami, accepté par les Arabes comme limite de l'État.

C'est au passage même du Lomami que Dhanis et ses gens ont infligé aux ravisseurs d'esclaves une leçon dont ceux-ci garderont un souvenir salutaire....

De Lusambo nous nous rendrons **à Loulouabourg** par Louebo et le Sankourou. Le voyage se terminera par une marche à pied de huit jours. Quand nous aurons vu, consolé et encouragé l'héroïque P. Cambier, par où reviendrons-nous? Je l'ignore. Trouverons-nous à point un steamer de l'État, où devrons-nous regagner Berghe en pirogue? *Chi lo sa?* Il faut toujours au Congo compter sur l'imprévu.

19 mars. Nous sommes partis de Lusambo le 12 courant; nous atteindrons demain Luebo. Huit jours après, par voie de terre, nous arriverons à Loulouabourg. D'après des renseignements qu'on vient de nous transmettre, si nous sommes de retour à Luebo le 15 avril, nous y trouverons le vapeur *Florida* qui nous ramènera jusqu'à Berghe.

Dix jours de repos dans cette résidence; un mois pour nous rendre au Bangalas et en revenir; un autre mois pour descendre à Banana : cela nous mènera jusqu'à la fin de juillet, et nous ne rentrerons en Europe qu'en septembre, si tout va bien.

20 mars. Nous naviguons depuis ce matin sur la Louloua, et je constate que depuis mon arrivée au Congo je n'ai point encore rencontré de cours d'eau moins large que l'Escaut à Anvers. Il est vrai qu'en beaucoup d'endroits Kassaï, Sankourou et Louloua sont obstrués par des bancs de sable qui rendent la navigation pénible, sinon dangereuse.

En ce moment même, notre bateau se trémousse de telle façon qu'il m'est impossible d'écrire lisiblement. En conséquence, j'ai l'honneur de vous tirer ma révérence, me réservant d'écrire plus longuement plus tard.

Tout à vous en N. S. et M. I.

Jérôme Van Aertselaer.

CHAPITRE III.

Les Sœurs de charité belges au Congo.

PREMIER DÉPART. — En 1887, dans un entretien que nous eûmes l'honneur d'avoir avec S. M. Léopold II, le Roi-Souverain, nous manifestait son intention d'envoyer des Religieuses belges au Congo, afin d'y élever les enfants des deux sexes et d'y desservir les hôpitaux. Sur son initiative se formait déjà alors à Quatrecht, au diocèse de Gand, un noviciat spécial avec cette destination. Ce noviciat se rattachait à la Congrégation des *Sœurs de la Charité de Jésus et de Marie*, fondée par le chanoine Triest, de sainte mémoire.

Le premier départ pour le Congo eut lieu le 30 novembre 1891.

La messe de départ a été célébrée solennellement ce jour dans la cathédrale de Saint-Bavon, ornée pour la circonstance aux couleurs de la Belgique, du Saint-Siège et du Congo. Six mille personnes assistaient à la cérémonie, qui a eu lieu sur une estrade avec autel.

Au coup de onze heures et demie, au milieu du puissant retentissement de l'orgue, les dix religieuses sont entrées précédées du massier, suivies de l'évêque et de tout le chapitre. Elles ont passé au milieu de la double haie des étendards. Derrière elles s'est rangé le chapitre des chanoines.

M. le chanoine Debbaudt, curé de Saint-Bavon, a célébré le Saint-Sacrifice.

A l'Évangile, Mgr Stillemans, montant en chaire, a prononcé une allocution en flamand sur ce texte du livre de Tobie : *Angelus Domini comitetur vobiscum*. Il a rappelé que de tout temps la Fiandre a brillé aux avant-postes du dévouement et de la charité.

Après le Saint-Sacrifice a eu lieu la cérémonie des adieux, telle qu'elle se pratique pour les missions étrangères. Les dix religieuses se sont prosternées sur les gradins de l'estrade.

Mgr Stillemans, ayant à ses côtés M. le chanoine Roelandts,

supérieur général de l'ordre, et la supérieure générale, a remis successivement à chacune d'elles la croix du missionnaire. Le vénérable évêque a récité les prières du *Pontificale*, et les élèves du grand séminaire ont interprété un chant de circonstance.

Enfin, Mgr a posé sur la tête de chacune des religieuses une couronne de fleurs blanches, symbole de la pureté, et de feuilles vertes, emblème de la vie.

Et dans le même ordre qu'à l'entrée, après que l'auditoire se fut incliné une dernière fois sous la bénédiction épiscopale, le cortège reprit le chemin de la sacristie, pendant que le refrain d'adieu retentissait sous les voûtes de Saint-Bavon.

L'embarquement des dix Sœurs et de M. l'abbé Buysse, qui les accompagnait comme aumônier et directeur, eut lieu à Anvers sur le steamer *Ella Woerman*. Le capitaine abandonna aux Sœurs son salon particulier, où elles purent librement vaquer à la prière et où le Saint-Sacrifice fut célébré.

L'enthousiasme fut immense sur les quais d'Anvers au moment du départ. Des milliers d'amis et de connaissances voulurent saluer les bonnes Sœurs et leur souhaiter bon succès. Tous admiraient leur héroïsme, et les militaires les premiers, surtout ceux qui ont vécu au Congo, ne tarissaient pas d'éloge à leur sujet.

L'*Ella Woerman* prit route par Flessingue, Lisbonne, les Canaries et arriva à Banana, au début de l'année 1892.

Trois ans après. Aujourd'hui nos Sœurs congolaises ont un couvent, la maison-mère, situé à Moanda, sur les bords de l'Océan, à deux lieues de Banana; un autre à Boma, et un autre à Kinkanda, où la Compagnie du chemin de fer a fait construire des installations à leur intention; enfin un quatrième établissement à Luluabourg, au centre du continent.

Les noirs comme les blancs entourent d'un affectueux respect « les sœurs blanches » et ont appris, dès qu'ils souffrent, à venir se faire soigner chez les religieuses. Les Pères de Scheut ont repris, à Nemlao, près Banana, l'école tenue jadis par les Pères français du Saint-Esprit. Cette mission a été remise en ordre par les Sœurs qui ont géré quelque temps l'école des garçons de cette localité.

A Moanda se trouve, dès maintenant, un important établissement pour filles. L'État du Congo y a envoyé du haut Congo de nombreuses petites noires rachetées ou reçues des indigènes. Une quarantaine de petites filles ont été réparties dans divers couvents de Belgique, où on les élève de la même façon que les petites Belges. Cette expérience, peut-être un peu prématurée, sera intéressante à suivre.

Le but des sœurs et des missionnaires est, lorsque leurs élèves, éduqués dans des établissements séparés, sont parvenus à l'âge convenable, de les marier et de créer ainsi des villages exclusivement chrétiens.

Les religieuses ont adopté pour le Congo un costume spécial, leurs vêtements d'Europe étant trop chauds. Elles portent jupon et jaquette blanche, col romain et un voile, remplacé, quand elles sortent, par un casque en liège et en alfa ; elles ont aussi parfois un jupon de cotonnette de couleur sombre. Elles sont, en ce moment, au nombre de vingt. Toutes sont en Afrique sous l'obédience d'une supérieure qui porte le nom de « mère vicaire ». Elles soignent les malades dans les hôpitaux, où elles rendent d'inappréciables services, et font la classe aux petites filles et aux garçonnets. En se vouant à l'éducation de l'enfance, elles font de la philanthropie dans la plus haute acception du mot. En se dévouant à soigner les malades, noirs et blancs, en accomplissant sous le terrible soleil équatorial une tâche aussi pénible et qui doit être parfois rebutante, elles font une œuvre des plus méritoires, que l'on ne saurait assez louer et admirer.

Les lettres suivantes, qu'on lira avec plaisir, prouvent que nos bonnes Sœurs Congolaises se sont livrées de grand cœur à leur mission. On y verra aussi mille petits détails de la vie intime au pays noir, qu'on chercherait vainement même dans la relation des prêtres missionnaires. La femme est mère de famille, ne fût-ce que par adoption, et comme telle, elle sait pénétrer dans l'intimité des choses qui sont cachées à l'homme ([1]).

---

1. Les lettres des Sœurs de la Charité, reproduites ici, sont extraites de la *Revue des Missions au Congo*, publiée par la Congrégation de Scheut.

I.

Orphelinat de Nemlao, près Banana.

Lettre adressée à ses consœurs de Gand par Sœur Amalia.

Nemlao, 22 novembre 1892.

Affection réciproque des Sœurs et de leurs élèves. — Sont-elles heureuses les négrillonnes de notre orphelinat, soignées comme des poupons européens par les mamans blanches, et arrachées naguère au plus abrutissant esclavage, l'une d'elles au moment même où son propre père allait la tuer pour la manger !

Et pour nous, quelle joie de voir augmenter de jour en jour le nombre de nos pupilles ! — On nous en annonce une nouvelle caravane. — Quel bonheur de consacrer notre existence à faire de ces infortunées de bonnes et ferventes chrétiennes !

N'était la récompense que nous attendons au ciel, nous serions déjà bien payées de nos soins par l'affection sans limites de nos orphelines. Dernièrement, quatre d'entre elles avaient été désignées pour aller recevoir une éducation complète dans un institut de Belgique. Les élues, se considérant comme des condamnées, se lamentaient à fendre le cœur et ne cessaient de crier : — Non, non, pas quitter bonnes sœurs ; et puis, en Belgique, froid, froid : nous mourir ! — Et elles s'accrochaient à ma robe. Je réussis à calmer un peu cette bruyante explosion de douleur par le don d'un collier de perles, et, à force de bonnes paroles, je pus conduire les condamnées jusqu'au bateau qui devait les emmener. Mais là, je faillis échouer contre la préoccupation qui n'abandonne jamais le nègre, celle du ventre.

— Mère, beaucoup de manioc et de maïs en Europe ?

— Oui, et aussi d'autres bonnes choses, mes enfants.

— Bien, mais petites négresses aimer soleil chaud, mourir de froid !

— Ne craignez rien ; j'écris en Europe, pour qu'on vous donne des couvertures et qu'on vous fasse grand feu. En attendant, voici de bons vêtements, pour vous couvrir pendant le voyage. — Cette déclaration diminua les appréhensions ; on versa quelques larmes encore, et l'on s'embarqua courageusement.

Quelques détails maintenant sur les occupations et la tenue de nos orphelines. Malgré l'ardeur terrible du soleil, elles ne se couvrent jamais la tête ; bien au contraire, elles ont soin de se raser mutuellement les cheveux, au moyen de morceaux de verre, laissant çà et là quelques tresses disposées suivant les règles de la coquetterie africaine. De lits, il n'en est pas question ; la nuit venue, chaque fillette s'enroule dans une couverture, comme une chenille dans sa coque, se couche par terre et ne tarde pas à partir pour le pays des rêves, où les anges cuisent pour leurs hôtes des marmites de riz grandes comme des maisons.

L'enseignement de la religion prend une bonne partie de la matinée, et plusieurs de nos élèves y ont fait assez de progrès pour qu'on ait décidé de les baptiser à la Noël. La seconde partie de la journée est généralement consacrée à l'apprentissage des travaux manuels. La paresse étant le péché mignon de la race noire, il a fallu, dans les commencements, user d'un peu de sévérité, pour stimuler à la besogne nos petites sauvages ; un seul mot les y fait aller maintenant avec une joyeuse docilité.

Quand cette lettre vous parviendra, vous en serez à célébrer les fêtes du nouvel an et à vous calfeutrer au coin du feu, pour vous préserver des rigueurs de l'hiver. Ici, point de nouvel an, puisque les nègres ne comptent le temps que par lunes, et point d'hiver, la végétation étant aussi active et florissante en janvier qu'en mai. Point de deuil ici dans la nature, et je vous assure bien qu'à l'orphelinat de Nemlao, l'humeur de ses habitants ne fait jamais contraste avec le riant tableau d'une contrée toujours parée de verdure et de fleurs ; nulle part, même dans nos couvents de Belgique, je n'ai vu régner une paix, un bonheur si continus. Dieu est bon pour ses enfants !

Incidents divers. — De petits incidents viennent d'ailleurs brocher de temps en temps sur la monotonie de notre existence, si joyeuse qu'elle soit. Ainsi dernièrement une bande de singes s'était introduite dans notre jardin et s'en prenait à nos meilleurs fruits, à la barbe de notre domestique. Celui-ci indigné de tant d'audace, de rentrer à la maison et de s'armer d'un fusil. Mais à peine apparaissait-il muni de cet engin terrible, qu'une sentinelle, postée au sommet d'un grand arbre, jeta le cri d'alarme : *kek, kek, kek !* et toute la troupe détala, semblant narguer l'ennemi par ses cabrioles. Tant d'insolence ne pouvait rester impunie ; le jardinier se mit en embuscade et parvint à abattre un des maraudeurs dont la chair, mise en civet, nous a paru plus délicate que celle du meilleur lièvre.

Une nuit, tandis que munie d'une lanterne, je faisais la ronde, je me trouvai tout à coup en présence d'un animal ressemblant fort à un chien et dont les grands yeux m'alarmèrent d'abord. J'avais tort, car il s'agissait d'une antilope.

La Providence nous garde visiblement, car personne jusqu'ici n'a succombé dans la mission, par le fait des bêtes féroces ou des serpents, très nombreux cependant. Nous sommes actuellement à la saison des pluies, et pas de jour qui n'ait son orage. Nos enfants y sont tellement habituées qu'elles ne dorment jamais mieux que lorsque la foudre roule dans le ciel ses sourds grondements. Si la pluie tombe à flots, elles me demandent la permission de sortir et prennent grand plaisir à recevoir sur leurs membres cette douche à bon marché.

Le dimanche, notre chapelle est comble. Attirés par la curiosité, bon nombre de noirs du voisinage, parmi lesquels le roi et son fils, viennent assister au saint Sacrifice. Ces gens sont fort satisfaits d'ailleurs de nous voir résider au milieu d'eux, à cause des soins que nous leur donnons dans leurs maladies. La science pharmaceutique de Sœur Albanie nous est fort utile à ce sujet, et nous avons pour clients tous les personnages de la Cour.

Grâce à ces rapports, nous espérons bien en arriver à donner autre chose que des emplâtres ou des vomitifs. Guérir le corps est, je le sais bien, une œuvre de miséricorde ; mais sauver des âmes, voilà qui fera rire les anges, rager le démon, et vaudra aux petites Sœurs de Nemlao un bon passeport pour le Paradis !

Sœur Amalia,
Sup. du couvent de Nemlao.

Vue de la Grotte de Kikauda.

II.

La journée d'une religieuse à l'orphelinat de Nemlao.

Lettre de Sœur Marie-Godelièvé à la Supérieure générale des Sœurs de Charité.

Nemlao, 9 juin 1893.

Chère et révérende Supérieure,

Peut-être vous plaignez-vous de ne recevoir que trop rarement de nos nouvelles ; c'est que la besogne ne manque pas à Nemlao ! Pour vous en convaincre, je vais vous détailler l'emploi de ma journée.

Nous sommes deux Sœurs à prendre notre repos dans la salle qui sert à nos enfants de classe et de dortoir. D'un côté de la place se trouvent nos lits et quatre bancs d'étude ; de l'autre sont étendues par terre les nattes sur lesquelles ronflent nos quarante négrillonnes.

Levées à cinq heures, nous vaquons jusqu'à six à la prière et à la méditation, puis nous éveillons nos dormeuses qui s'agenouillent sur place pour réciter en commun la prière du matin. Cela fait, chacune doit porter au dehors sa couverture de coton, afin de l'aérer ; on replie soigneusement les nattes à dormir, on change de pagne, et c'est en silence qu'on se rend processionnellement à la chapelle.

La sainte messe commence à 6 h. ½. A genoux sur le plancher, mes fillettes ont un maintien religieux qui fait plaisir à voir ; à la consécration, c'est jusqu'à terre qu'elles baissent le front afin de prier pour leurs bienfaiteurs.

Vient ensuite le déjeuner, au réfectoire, où chaque convive prend sa place sur une grosse perche qui sert de banc. On dit la prière, on découvre la grande marmite de riz bouilli, les portions sont distribuées et reçues au moyen de la fourchette d'Adam, et les mâchoires vont leur train ; le caquet aussi.

J'en profite pour aller prendre moi-même aussi une bouchée de riz, un peu de pain, de *chikwangue* et de café ; je conduis ensuite tout mon monde à la source, pour y puiser l'eau nécessaire à la cuisine ; puis c'est à la forêt qu'on va chercher du combustible, non sans se munir auparavant d'un solide gourdin et sans avoir invoqué nos anges gardiens.

C'est que les serpents sont nombreux dans les broussailles ; mais un coup de bâton les brise comme verre, et jusqu'ici nous n'avons aucun accident à déplorer. Nous n'avons rien à redouter d'autres animaux ; le chat sauvage et le chacal abondent cependant ; mais ils ne rôdent que la nuit, et nous avons alors autre chose à faire que de les empêcher de prendre leurs ébats.

Au retour du bois, ablutions générales dans un grand bac en zinc placé près de la source. A dix heures et demie commence la classe ; on y apprend à lire, écrire et compter dans les trois langues que parlent nos mioches : le Fiote, le Bangala et le Bayanzi. Cette différence d'idiomes n'est pas sans nous donner de grands embarras ; mais puisque nous sommes missionnaires, nous avons droit aux lumières du Saint-Esprit ; et s'il nous arrive, en traduisant d'une langue dans une autre, de prononcer un mot de travers, les petites gaillardes nous reprennent aussitôt, non sans avoir ri d'abord de notre bévue.

La leçon de religion se donne après midi.

C'est en ce point surtout que nos enfants nous donnent toute satisfaction. Lorsqu'elles apprirent dernièrement que *Iawa*, leur ancienne condisciple, avait été baptisée en Europe, ce fut une explosion d'étonnement et de sainte jalousie. — Comment, disait-on, cette *Iawa* qui nous a volé plus d'une poule, la voilà baptisée ! Est-elle donc plus sage que nous ? Ma Sœur, vous aviez dit que nous serions baptisées dès que nous saurions les prières et le catéchisme ; eh bien, voilà que nous avons appris le Notre Père, le Je vous salue Marie, le Je crois en Dieu, d'autres prières bien longues, bien longues, et sept grandes leçons du catéchisme : et nous ne sommes pas baptisées, et *Iawa* est baptisée, elle ! pourquoi, ma Sœur ?

Mais revenons à notre ordre du jour. On dîne à onze heures et demie, et les fillettes enfournent les pois et le poisson salé, de manière à bien prouver qu'elles appartiennent à la race pour laquelle se bourrer le ventre est l'action la plus importante de la vie. On lave ensuite les assiettes et les cuillers, don de

M. le gouverneur ; puis on va jusqu'à deux heures babiller et jouer sous un gigantesque baobab, dont le tronc mesure quatorze mètres de circonférence.

La semaine dernière, au cours de cette récréation, je déballai une caisse de jouets envoyés d'Europe à mes petits oiseaux noirs ; il y avait deux chevaux de bois, un âne idem, deux poupées, trois coqs en carton, etc. Un Australien visitant l'exposition de Chicago n'eût point été plus émerveillé que nos fillettes. Après une stupéfaction silencieuse, ce furent des cris, des larmes, des rires, des bonds et des danses à n'en pas finir ; et quand, le lendemain, le prince de Croy vint nous voir, chacune vint lui faire admirer son lot, persuadée que l'Européen n'avait point l'idée de semblables merveilles.

Ce fut bien autre chose lorsque je reçus, lundi dernier, de Mère Élise, une collection d'images relatives à l'Ancien et au Nouveau Testament. Devant ces gravures suspendues aussitôt aux murs de la classe, ce furent des processions, des gestes effarés d'admiration et les demandes les plus drôlatiques. — Venaient-elles du ciel, ces belles *moukandas* ?

Les chères petites nous posent d'ailleurs parfois sur la religion des questions assez embarrassantes.

— Dieu est-il blanc ou noir ?

— Au ciel, y a-t-il comme au Congo des serpents et des chiques, ou bien est-ce comme en Europe, où n'existent pas ces vilaines bêtes ?

— Les noirs et les blancs sont-ils dans le même ciel ?

— Qui donne à manger aux âmes des Limbes, puisqu'on n'y voit ni Dieu, ni Marie, ni les anges, ni les saints ?

Et ces questions sont longtemps débattues à la récréation, avant qu'on vienne nous en demander la solution.

Après une seconde classe, qui dure de deux à quatre heures, vient le travail des champs, jusqu'à six heures. Des chansonnettes indigènes ou des cantiques chrétiens aident à manœuvrer en cadence la petite houe congolaise dont sont munies nos sarcleuses. De six heures à six heures et demie, on s'occupe, au moyen de cruches portées sur la tête, à aller puiser à la source l'eau nécessaire pour arroser les plantations.

Peu après, le soir tombe brusquement, et comme les nuits

sont fraîches au Congo on se réunit autour du feu pour réciter le chapelet. Que la marmite au riz qui bout au milieu du cercle ne donne pas quelques distractions : je ne voudrais pas en répondre ; mais quand le dit riz a été prestement ingurgité, on répare tout manquement par une fervente prière du soir, et l'on va prendre son repos.

Vous le voyez, chère Supérieure, rien de dramatique dans la journée des religieuses de Nemlao. Lentement, mais sûrement leurs pupilles se civilisent et se dépouillent de leur enveloppe païenne. Nous mettons à ce travail toute notre bonne volonté. Dieu fera le reste.

Sœur Marie-Godelième.

CHAPITRE IV.

Les Pères Jésuites et les Sœurs de Notre-Dame, au Kwango.

I.

LES MISSIONS DU KWANGO. — A la demande expresse de l'État indépendant du Congo et sur l'invitation formelle de S. S. le Pape Léon XIII, les Pères Jésuites de la Province belge ont accepté de participer à l'évangélisation des peuples du Congo.

« Allez, mes enfants, a dit Léon XIII en s'adressant aux Jésuites belges, allez faire connaître et aimer Jésus-Christ ! Renouvelez sur les bords du Kwango ce que vous réalisez, avec l'aide de Dieu, sur les rives du Gange. »

Un décret daté du 8 avril 1892, émanant de la Congrégation de la Propagande romaine, marque les limites de la *Mission du Kwango* attribuée aux Pères Jésuites. Cette mission détachée du Vicariat apostolique du Congo, qui reste confié aux prêtres de Scheut, porte le nom de la grande rivière Kwango qui forme la limite de l'État indépendant avec le territoire portugais ; elle s'étend à l'est jusqu'au Kassaï et touche au nord au district du Stanley-Pool. Son étendue est cinq fois plus grande que la Belgique.

Le 6 mars 1892, sept enfants de Saint-Ignace, les rév. Pères *Van Hencxthoven*, supérieur, *Dumont*, *Liagre* et *Demeulemeester*, et les frères coadjuteurs, Lombary, Gillet et de Sadeleer, s'embarquaient à Anvers à bord du *Lulu Bohlen*.

Comme d'ordinaire, une cérémonie solennelle des adieux avait été faite la veille en la chapelle du collège de N.-D., et une foule de 10,000 personnes avaient accompagné les missionnaires au lieu de l'embarquement.

Arrivés sains et saufs à Matadi un mois après, ils se dirigèrent vers leur résidence après quelques jours de repos qu'ils avaient consacrés à la visite des établissements des Pères du Saint-Esprit.

L'État indépendant leur avait fait élever une habitation à Kibangu sur la rive droite de la Djili, affluent du Pool. Mais cette localité étant peu salubre, le R. P. Van Hencxthoven poussa ses recherches vers le sud et arrêta son choix sur un magnifique plateau au milieu d'un gros village appelé **Kimuenza**. La maison de bois de Kibangu, démontée par le Frère de Sadeleer, y fut transportée et reconstruite.

Depuis lors on put, avec l'aide de quelques travailleurs et des 85 enfants confiés par l'État aux missionnaires, commencer les travaux de défrichement et de culture. Là aussi se sont installées les Sœurs de Notre-Dame.

Le R. P. Van Hencxthoven annonçait, le 10 novembre 1893, son départ pour le village de Mukisantu, situé à l'intersection de la future voie ferrée et de la rivière Inkisi ; il va y fonder une nouvelle colonie scolaire. Déjà le chef du village lui a confié son fils.

Malheureusement la mort ne tarda pas à frapper la colonie des Pères Jésuites au Congo, et la première victime qu'elle choisit fut le savant géologue R. Père Dumont, fils d'André Dumont, le célèbre auteur de la carte géologique de Belgique. Ce Père avait spécialement pour mission d'étudier scientifiquement le sol congolais : aussi sa mort est une double perte ressentie par la science et la religion.

Les Sœurs de Notre-Dame. — La congrégation des Sœurs de Notre-Dame, dont la maison-mère est à Namur, est, pensons-nous, affiliée à l'ordre des Jésuites, et leurs règles ont le même esprit au point de vue de l'apostolat. Aussi était-il naturel de voir ces deux Instituts marcher d'accord dans les missions congolaises, où les Sœurs de Notre-Dame, en tenant les orphelinats de jeunes noires, rendront le même service que les Sœurs de Charité de Gand dans les missions dépendant de Scheut.

Le 3 juin 1894, avait lieu en la chapelle de la maison-mère la cérémonie des adieux des 7 premières Sœurs « congolaises », en présence de Mgr Decrollière, heureux et fier de l'honneur qui en rejaillissait sur son diocèse, et d'une foule de notabilités, parmi lesquelles nous citerons M. Van Eetvelde, ministre de l'État du Congo, et M. le gouverneur de la province.

Le R. P. Verest a prononcé une allocution chaleureuse où il a célébré l'œuvre patriotique et religieuse du Congo. Ensuite a succédé, comme d'usage, le *Chant d'adieu*, trois couplets charmants, composés par trois des religieuses missionnaires qui y ont mis toute leur âme apostolique. Ce sont de vrais élans d'ardente piété et de dévouement absolu au service de Dieu. Aussi ne résistons-nous pas au désir de citer ces beaux vers, dits avec une pénétrante expression par une religieuse douée d'une voix superbe ; les choristes reprennent chaque fois les quatre derniers vers. L'effet est saisissant, et les assistants ont peine à retenir l'émotion qui leur met des larmes dans les yeux :

Chant d'adieu.

I

Brûlante Afrique, ô terre d'esclavage,
Ouvre tes bras, nous te donnons nos Sœurs ;
La Charité guidera leur courage :
A toi leurs jours et leurs rudes labeurs.
Que l'enfant noir plongé dans la misère
Connaisse Dieu, se range sous sa loi,
Qu'il soit heureux et libre sur la terre,
Que son cœur s'ouvre à l'amour, à la foi !

II

Ne craignons pas l'appel au sacrifice ;
S'il faut partir pour de lointains climats,
Nous marcherons, et notre fondatrice
Du haut du Ciel dirigera nos pas.
Veille sur nous, Mère au cœur magnanime,
Nous porterons ta bannière en tout lieu,
Disant à tous ta devise sublime :
Ah! qu'Il est bon, qu'Il est bon, le bon Dieu!

III

Gardez toujours la douce souvenance
De ce séjour, où JÉSUS règne en Roi ;
De cet autel où voilant sa puissance,
Il a reçu vos serments, votre foi.
Centre béni, Namur, ô Maison-mère,
Des cœurs vaillants t'adressent leurs adieux ;
Mais pour Dieu seul se quitter sur la terre,
C'est pour toujours se retrouver aux Cieux !

Le moment de la bénédiction des Sœurs missionnaires est arrivé : les sept religieuses quittent leur place et viennent s'agenouiller dans le chœur. S. G. Mgr l'évêque, la mitre en tête et la crosse à la main, se tourne vers l'assistance et, en termes émus qui partent d'un cœur vraiment épiscopal et paternel, elle exprime le respect que doit inspirer la grandeur de la mission à laquelle sont appelées les femmes courageuses qu'il va bénir.

La caravane des sept Sœurs de N.-D. s'embarqua à Anvers le 6 juin 1894 à bord de l'*Edward Bohlen*, où nous avons eu la bonne fortune de les saluer et de leur souhaiter bon voyage.

Voici leurs noms : *Sœur Ignatia*, supérieure, Sœurs *Alberte, Alphonsius, Théophanie, Marie, Térésa* et *Rosa-Joseph*.

Partaient en même temps le R. P. de Hert et un autre Père Jésuite, deux Pères de Scheut et six Sœurs congolaises de Gand. C'était donc 17 missionnaires que la Belgique envoyait le même jour dans sa colonie africaine.

Le voyage. — Les incidents de la traversée, écrits agréablement par plusieurs Sœurs, ont été publiés dans la *Semaine religieuse* de Namur. L'espace nous manque pour les reproduire ici.

Après une heureuse navigation de 22 jours, d'Anvers à Banana, l'*Edward Bohlen* entrait le 29 juin dans le fleuve Congo. Le lendemain, par suite de la baisse des eaux, il échoua sur un banc de sable ; mais ce ne fut qu'une alerte. Bientôt on arrivait à Boma et à Matadi, où les missionnaires furent reçus par M. l'abbé d'Hooghe, curé de Matadi. Dès le 23 juillet, grâce à 60 porteurs et convoyeurs, on partait en plusieurs caravanes successives par la route de Luvituku et on arrivait enfin le 11 août, en la colonie de *Kimuenza*, habitée par les Pères Jésuites depuis deux ans déjà.

Voici quelques détails extraits d'une lettre du P. de Hert, qui avait devancé de quelques jours la caravane.

« Quant à moi, j'avais quitté Luvituku le jeudi 2 août de bon matin, et grâce à ma solide santé, je pus faire mes cinq lieues par jour à pied, dans les meilleures conditions : le 10 août j'atteignis Kimuenza, où le bon P. Liagre et tous nos confrères m'accueillirent avec la plus cordiale charité, et les plus vives démonstrations de joie et de contentement, à la nouvelle que les bonnes Sœurs de Notre-Dame me suivaient de près avec le vaillant Fr. De Sadeleer. Que de choses nous avions à nous dire de la Belgique, des frères et amis que nous y avions laissés, de la situation actuelle de la colonie et de nos projets pour l'avenir !

« Quel ne fut pas notre bonheur quand ce matin même, vers 9 heures, je reçus par un messager noir un billet du Fr. De Sadeleer, qui m'annonçait son approche et l'arrivée des Sœurs de Notre-Dame pour aujourd'hui. La maison des religieuses était prête à les recevoir et nous nous faisions une fête de pouvoir les installer dans leur pauvre monastère, où elles sont appelées à faire tant de bien non seulement aux jeunes négresses qui vont leur être confiées, mais encore à toute la population féminine de Kimuenza et des environs.

« Un peu après midi les Sœurs et leur suite débouchaient par le chemin de N'Tampa, au sommet de la montagne de Kimuenza, sur laquelle le P. Liagre avait fait placer un soldat qui devait, en tirant un coup de fusil, nous donner le signal de l'approche de la caravane. Aussitôt le coup tiré, le Père Liagre et moi, nous sommes allés à la rencontre des Sœurs, suivis des enfants de notre colonie et des gens du village, tous très curieux de voir pour la première fois de leur vie des femmes blanches. Nous conduisons comme en triomphe les Sœurs à notre chapelle, où elles se prosternent devant le Saint-Sacrement et remercient Dieu de leur heureux voyage. Puis nous leur montrons les locaux de leur nouvelle demeure et nous les ramenons à la colonie, où nous leur avions préparé un petit dîner dont elles avaient bien besoin après les fatigues de la matinée.

« Vers deux heures, le chef de Kimuenza et sa famille sont venus à la colonie pour faire leur première visite aux héroïques servantes du bon Dieu et des pauvres noirs. Enfin, après cette entrevue officielle, nous reconduisons les Sœurs dans leur provisoire et rustique habitation et nous les recommandons avec ferveur à la paternelle providence du Tout-Puissant.

« Les Sœurs nous étaient arrivées telles que je les avais vues durant tout le voyage, vaillantes et gaies. Aucune d'elles n'avait eu à souffrir de la fièvre ni d'aucune autre indisposition sur tout le parcours de la route. Le Seigneur les a protégées d'une manière visible pendant ce long et pénible voyage ; il continuera bien certainement à les bénir et à les soutenir dans la rude mission qu'elles ont entreprise pour sa gloire et pour le salut des Congolaises.

« Après avoir remercié Dieu des multiples bienfaits qu'il nous a prodigués ces dernières semaines, nous devons aussi remercier nos bienfaiteurs de Belgique qui nous ont aidés de leurs prières et de leurs généreuses aumônes. »

Fr. De Hert, S. J.

II.

La colonie de Sainte-Marie de Kimuenza.

Lettre du R. P. Van Hencxthoven, S. J.

29 septembre 1893.

Mon Révérend Père Provincial,

Grâce à Dieu, je n'ai que de bonnes nouvelles à vous donner aujourd'hui de nos missionnaires du Kwango ; ils jouissent tous d'un excellent état de santé et se livrent avec ardeur à leurs travaux apostoliques. Nos principales occupations pour le moment sont d'abord l'étude des langues congolaises, dont la connaissance nous est absolument indispensable pour aborder avec fruit l'instruction et la conversion des indigènes ; ensuite les travaux de défrichement et de culture qui doivent nous empêcher de mourir de faim.

Le bon Frère De Sadeleer, que j'ai placé à la tête du département de l'agriculture, surveille et pousse activement au travail nos jeunes élèves et les nègres libérés, qui doivent l'aider à nous fournir nos futures récoltes de la saison des pluies. Il vient de commencer les semailles et les plantations ; il estime que dans trois ou quatre mois (décembre, janvier), nous pourrons déjà faire une petite moisson de riz de montagne et de maïs ; puis, un peu plus tard, nous recueillerons l'huile d'arachide ; enfin, après six mois, nous ferons la récolte de nos premières patates douces. Je m'en réjouis à l'avance, plus encore pour nos enfants noirs que pour nous. Ces pauvres petits sont réduits à manger presque exclusivement des pains de manioc. Nous tâchons d'y ajouter de temps en temps, soit une banane, soit une poignée de maïs, soit un morceau de poisson, etc. Mais c'est si peu de chose. La plupart auraient besoin d'un régime plus fortifiant et plus tonique. Ils nous arrivent le plus souvent dans un état très avancé d'anémie, et un grand nombre souffrent de dysenterie chronique. Aussi la mortalité est-elle assez grande parmi eux. Pendant ce mois de septembre nous avons déjà perdu quatre de nos petits noirs ; trois de ces jeunes gens ont pu être heureusement baptisés. Espérons que ces prémices de notre colonie iront au ciel plaider auprès de Notre-Seigneur Jésus-Christ la cause de leurs malheureux frères africains.

Toutes nos conserves d'Europe sont épuisées depuis longtemps. Pour le moment, le poisson et la viande sont très rares dans nos environs et ne se vendent qu'à un prix relativement très élevé. Sans M. le capitaine Richard, qui commande le camp d'instruction de Kinchassa, nous serions entièrement privés de végétaux européens ; mais cet excellent agronome a la bonté de nous faire parvenir quelques fruits de son exploitation, trois charges de légumes par semaine ; nous lui en devons bien de la reconnaissance. Malgré cela nous sommes encore dans un état de gêne qui se modifiera avec le temps.

Nous travaillons dès maintenant à établir un parc à bestiaux qui fournira plus tard de la viande en abondance à nos enfants et à nous. A vingt minutes environ de notre maison se trouve une fertile vallée, qui pourra sans beaucoup de peine nourrir un nombreux bétail. Cette semaine nous avons commencé à y établir un poulailler, des étables et une maisonnette pour le gardien, que M. le commissaire du district va nous envoyer un de ces jours, et qui semble fort entendu dans l'élevage du bétail. Cet établissement nous coûtera quelques sacrifices d'argent, mais ils me paraissent indispensables au succès et à l'avenir de notre colonie scolaire, soit pour l'entretien, soit pour l'instruction de nos élèves. D'ailleurs ces dépenses, échelonnées en temps utile, constitueront, avec la bénédiction du ciel, un capital qui permettra à la colonie de Kimuenza, non seulement de se suffire à elle-même, mais aussi de venir au secours des autres stations de missionnaires qui seront établies plus tard. Ce sera l'affaire de quelques années : car il faut marcher lentement et sûrement : *Chi va piano va sano.*

A ce propos, mon Révérend Père, je vous prierais de bien vouloir demander aux missionnaires qui nous arriveront dans le courant de l'année prochaine, de nous amener d'Europe, des Canaries ou d'ailleurs, quelques animaux domestiques qui feraient parfaitement notre affaire. Ainsi, par exemple, une paire d'ânes nous rendraient de grands services pour cultiver nos champs et pour porter ou voiturer nos produits : item, un couple de chiens de garde, à poils ras, nous seraient fort utiles pour jouer le rôle de cerbères dans notre métairie; des pigeons, des lapins, des canards, des dindons et autres animaux de basse-cour pourraient venir peupler notre ferme. En tout cas, ce sont des essais à faire, et qui, s'ils réussissent, tourneraient à notre grand avantage et ne contribueraient pas peu au développement de l'alimentation indigène, qui est encore si pauvre et si misérable dans l'état de sauvagerie où se trouve le Congo. On nous serait reconnaissant plus tard si nous pouvions introduire et acclimater ici des races animales d'autres contrées. S'ils avaient de la viande en abondance, les cannibales de l'Afrique centrale seraient moins portés à se nourrir de chair humaine, et, Dieu aidant, cette horrible coutume disparaîtrait peu à peu de la surface de notre belle colonie.

Il y a deux jours, le 27 septembre, nous avons eu à dîner, malheureusement à la fortune du pot, un de nos compatriotes, M. Charmanne, directeur général du chemin de fer de Matadi à Léopoldville, qui était en train de parcourir les environs de Kimuenza pour arrêter le tracé définitif de la voie ferrée, dont on n'avait fait jusqu'à présent que les études préliminaires. Cet ancien ami de notre regretté P. Dumont a bien voulu nous donner quelques moments, et il nous a été fort pénible de ne pas pouvoir mieux le recevoir. Cet excellent et courageux ingénieur nous a dit que l'on a fait presser, avec plus de vigueur que jamais, l'achèvement de la ligne. Quand celle-ci sera terminée, nous recevrons, je l'espère, toutes les semaines, notre courrier de Belgique, et nous aurons, de notre côté, le plaisir de vous envoyer plus souvent de nos lettres.

C'est dans cet espoir, mon Révérend Père, que toute la communauté de Sainte-Marie de Kimuenza vous présente ses affectueux respects et se recommande à vos bonnes prières.

Em. Van Hencxthoven, S. J.

III.

Nous empruntons encore au *Bulletin mensuel des Missions belges de la Compagnie de Jésus*, une lettre du *Père Ed. Liagre*, renfermant d'intéressants détails.

Sainte-Marie de Kimuenza, près Léopoldville,
4 octobre 1893.

Mon Révérend Père Provincial,

Les constructions. Notre colonie de jeunes noirs va son petit train ; nous nous habituons et nous nous formons de plus en plus à nos ministères d'Afrique, si différents, pour mille et une raisons, de ceux d'Europe. Mais il faut se faire tout à tous, comme l'apôtre St Paul, *omnibus omnia factus*.

Nos constructions, ou plutôt reconstructions, — car je vous ai dit que nous remontions ici, à Kimuenza, notre maison de Kibangu, — n'avancent pas aussi vite que nous le voudrions. La faute en est aux indigènes de Mpala et de Mayala. Comme les habitants de Kimuenza, les noirs de ces deux villages voisins s'étaient engagés à nous livrer, dans un délai de douze jours, 600 bottes de chaume ou de paille, à raison de 5 mitakos par botte, sous peine d'une amende de 5 mitakos par botte en retard.

Malgré ces désagréments, une partie de notre résidence est déjà sous toit, et j'y habite un appartement où je suis à sec : la chapelle a également reçu sa toiture. Tout en utilisant les matériaux amenés de Kibangu, nous avons un peu changé les dispositions de notre bâtiment. Au lieu d'un fer à cheval, nous avons un vaste rectangle de 20 mètres de long sur 8 de large. Une véranda de 1^{m}50 entoure les quatre côtés du rectangle, de sorte que nulle part les rayons du soleil ne peuvent pénétrer directement dans nos chambres.

La maison a été bâtie sur pilotis ; mais comme le terrain est en pente du nord-ouest au sud-est, tandis que les piliers qui soutiennent la maison du côté du réfectoire s'élèvent à 1^{m}40 au-dessus du sol, on a dû déblayer la terre du côté de la chapelle pour ne pas enfouir entièrement les piliers qui la soutiennent ; de cette manière nous avons pu établir un bon plancher et n'avons plus le sable pour parquet comme à Kibangu.

Les séparations des chambres à l'intérieur, au lieu d'être faites au moyen de planches, — celles-ci ayant servi pour le plancher, — sont tout simplement des nattes du pays, clouées sur des montants ; et, ma foi, cela n'est pas mal du tout, en attendant que nous ayons des planches pour les remplacer. Ces cloisons en nattes s'arrêtent à la naissance du toit, de sorte que toutes les chambres communiquent par en haut, et l'air circule librement sous le chaume au-dessus de nos têtes. Nos chambres n'ont point de plafond, et nous pouvons admirer la charpente de notre toiture sans monter au grenier, lequel d'ailleurs, n'existe pas, non plus que le premier étage et les suivants.

Chacune des six chambres est éclairée par une baie d'un mètre carré d'ouverture, baie qui se ferme par deux petits volets. Peut-être que dans notre maison future nous aurons des fenêtres ; leur absence laisse entrer la poussière sans obstacle ; mais nous n'y regardons pas de si près ; la chapelle a trois fenêtres, le réfectoire trois fenêtres et deux portes.

Quand la maison sera achevée, le P. De Meulemeester en prendra la photographie et j'aurai soin de vous envoyer une épreuve de cette vue de Kimuenza.

Du réfectoire ou plutôt de la véranda qui se trouve devant, on jouira d'une vue splendide sur la vallée de la *Lukaya*, petite rivière qui se jette dans la Djili.

Ce matin, toute la vallée de la Lukaya était plongée dans un intense brouillard ; on aurait dit un immense lac d'où émergeaient quelques îlots ; ces îlots étaient les cimes de quelques groupes d'arbres s'élevant çà et là sur les crêtes des collines environnantes. C'était un spectacle magnifique.

Le personnel. Notre colonie de Sainte-Marie de Kimuenza comprend pour le moment un total de 118 personnes, à savoir : 8 blancs, 17 noirs libérés, 12 Bangalas, 2 charpentiers nègres de la côte, 2 soldats noirs avec leurs femmes, les 85 enfants qui nous sont confiés par l'État, ou plutôt à l'heure qu'il est 81.

Quatre enfants arrivés récemment ici, se sont enfuis dimanche passé, vers le soir. Ces désertions sont assez fréquentes parmi les enfants et les adultes de notre colonie, tout comme à Kinchassa et à Léopoldville. L'amour de la vie sauvage et surtout le désir de ne faire absolument rien sont la cause ordinaire de ces évasions. Souvent nos enfants nous sont ramenés par les indigènes ; mais parfois, dans certains villages, on les garde pour les vendre à la première occasion. S'ils échoient à des cannibales, ils sont engraissés et mangés à belles dents ; si leurs acheteurs ne sont pas anthropophages, ils deviennent esclaves domestiques ; ils doivent alors travailler pour leur maître et lui donner la moitié de ce qu'ils gagnent. Cet esclavage est assez doux et fort différent de la condition des malheureux noirs capturés par les Arabes esclavagistes de l'Est.

Il y a dans nos environs énormément d'esclaves domestiques ; il arrive même que des petits chefs de hameau sont esclaves d'autres chefs. En somme, il y a très peu d'hommes libres dans les villages de notre district.

Les gens de notre village se coiffent tous de la même manière. Ils se rasent les cheveux jusqu'au sommet du crâne ; le reste des cheveux est relevé en bourrelet très artistiquement. Les femmes ont la même coiffure que les hommes.

Outre le pagne autour des reins, les hommes portent un large manteau d'étoffe que je ne puis mieux comparer qu'à la toge romaine ; ils la portent comme les anciens, et cela avec une dignité que n'auraient pas désavouée les vieux sénateurs de Rome. Les gens huppés en laissent traîner un long bout derrière eux ; ils le font passer entre les jambes et balaient ainsi le sol. Vous voyez que la traîne ne devra pas être importée ici d'Europe, quand l'Afrique sera civilisée.

Nous n'avons pas encore eu les pluies torrentielles, qui ne tomberont que dans un mois. Le soleil est au-dessus de notre tête ; par conséquent à midi pas d'ombre. Je vois par les journaux, que chez vous aussi il a fait bien chaud pendant le dernier été. A coup sûr vous aurez souffert plus que nous de la chaleur. Vivent les habits blancs ! ils sont un peu salissants, mais ils sont frais et légers.

Voyez où j'en suis réduit en fait de leçons de ménage à donner à nos gens. Des écoles ménagères seraient bien nécessaires ici. Comme les femmes de notre station lavent très mal le linge et consomment énormément de savon, j'ai dû apprendre la lessive à quelques-uns de nos enfants d'après la méthode employée en Belgique. Trempage du linge la veille, savonnage, puis bouillon, enfin lavage. Nos petits noirs ne s'en tirent maintenant pas si mal ; il faudra de plus leur apprendre à repasser. Cela vous dit assez que je n'ai pas ici l'occasion d'expliquer Démosthène, Cicéron ou Bossuet. J'ai dû enseigner à nos gamins à faire des sauces, des étuvées et à préparer quelques mets élémentaires. Mais je n'ai pu pousser très loin ces leçons, et j'ai dû abandonner cet enseignement au Fr. Gillet, qui est un maître queux consommé.

La chapelle. Dimanche dernier, 1er octobre, nous avons pour la première fois conservé le T.-S.-Sacrement dans notre chapelle, mais pour le dimanche seulement; il en sera ainsi jusqu'à ce que toute notre maison soit parfaitement couverte. Ce jour-là le R. P. Supérieur a béni notre *Chemin de la Croix*, et l'après-midi nous avons célébré notre premier salut solennel. Malheureusement, la caisse qui renferme l'encensoir ne nous est pas encore arrivée, et nous avons dû nous en passer. J'ai fabriqué une sorte d'*huméral* avec deux brasses d'*américani*, espèce d'étoffe blanche que les noirs achètent en assez grande quantité, par amour des contrastes probablement.

Un mot encore sur notre chapelle. J'ai suspendu à l'entrée du chœur des rideaux en étoffe rouge avec dessins ; entre les deux rideaux courent des festons de même étoffe. Les planches qui forment les murs sont cachées par des couvertures de lit rouges avec un lambris de l'étoffe des rideaux. Cette étoffe est un peu défraîchie par l'eau, mais elle est encore très convenable. Bref, ce n'est pas du tout mal pour le Congo.

Je dois encore écrire aujourd'hui à Mgr Augouard, à Brazzaville, et le jour baisse. Je vais donc vous dire adieu, mon R. P. Provincial, jusqu'à nouvel ordre, et vous présenter, avec l'expression de mes sentiments dévoués, les respects affectueux de tous les membres de notre communauté de Kimuenza.

Ed. Liagre, S. J.

Le lac Tanganika.

CHAPITRE V.

Les Trappistes belges au Congo.

L'EXEMPLE de son aïeul, le roi Louis-Philippe, qui, malgré tous les obstacles, a voulu être le fondateur de l'abbaye de Staouëli en Algérie, le roi Léopold a conçu le noble dessein d'être l'introducteur, dans les forêts et les déserts de l'Afrique centrale, de ces moines agriculteurs, de ces intrépides défricheurs, qui ont conquis autrefois sur la barbarie germanique les contrées qui sont aujourd'hui les plus belles, les plus riches, les plus civilisées de l'Europe entière.

Les moines de Westmalle ont accepté cette rude et glorieuse mission. Le R. P. Joseph, agronome distingué, un autre Père et deux Frères du couvent de Westmalle se sont embarqués à Anvers le 6 avril 1894. (Le P. Joseph avait reçu la bénédiction abbatiale des mains de S. É. le cardinal Goossens.) Ils ne se dissimulent pas les terres brûlantes et les sauvages habitants du continent noir. Tout y sera nouveau pour eux : le sol, le climat, la nature, la végétation, les fruits, les produits divers, la langue et les mœurs des indigènes.

Ce n'est qu'au prix de maintes déceptions, d'inévitables tâtonnements, de cruelles expériences qu'ils pourront atteindre les divers buts de leur nouvelle fondation africaine. Avec la bénédiction du ciel et le généreux concours de tous ceux qui s'intéressent à la grande œuvre du Roi-Souverain, ils parviendront tôt ou tard à créer à *N'Tampa*, dans le district du Stanley-Pool, à 50 kilomètres de Léopoldville, un de ces grands centres religieux civilisateurs dont l'influence rayonne au loin, et qui sont pour les contrées environnantes une source de bien-être moral et matériel. Ils profiteront tout d'abord des essais de culture déjà si heureusement tentés par nos agents de l'État et par nos compatriotes.

Avant même d'arriver aux installations provisoires qui leur sont préparées à *N'Dembo*, près de N'Tampa, ils verront les magnifiques troupeaux obtenus au Bas-Congo dans l'île de

Matéba ; ils admireront à *Kinchassa*, près du Pool, les splendides plantations de caféiers et toutes les autres cultures européennes ou tropicales qui, après trois ans à peine, ont été établies par l'initiative du commandant Richard et qui promettent les plus heureux résultats ; ils verront en passant les premiers essais de culture de la colonie militaire et agricole de *Kimuenza*, dirigée par les Jésuites belges ; ils mettront aussi à profit les succès remportés par les Pères du Saint-Esprit à Brazzaville, sous la vigoureuse impulsion de Mgr Augouard, et par les Pères blancs du Tanganika, dont M. l'ingénieur Diderrich disait dernièrement :

« C'est vraiment une vue d'autrefois que ce grand monastère de *Mpala*, bâti en briques rouges, avec ses plates-formes blanches et les arcs de son cloître, ses murs de défenses et les populations groupées à leur pied. N'est-ce pas l'histoire de jadis que ce couvent qui se dresse là, sentinelle avancée de la civilisation au milieu d'un peuple barbare, maison hospitalière nourrissant les malheureux qui lui ont demandé un asile, et au besoin sachant les défendre contre les agressions de leurs ennemis ?... Il faut avoir vécu en Afrique pour savoir le prix de ces choses, et les efforts qu'il a fallu déployer pour obtenir ces résultats. »

Les espérances. Tous ces essais déjà fort satisfaisants, tous ces progrès déjà réalisés au milieu de la barbarie africaine peuvent nous donner l'espoir fondé que, là aussi, les Pères trappistes triompheront de tous les obstacles qu'ils rencontreront dans leur œuvre à la fois sociale et religieuse.

Dans quelques années, si Dieu leur vient en aide, comme nous n'en pouvons douter, autour de la nouvelle abbaye congolaise de N'Tampa, devenue une ferme modèle, une autre *Staouëli*, une seconde *Marianhill*, viendront se grouper de nombreux villages chrétiens de Wamboutous et de Batékés. L'exemple de la colonisation entreprise par nos zélés Trappistes attirera peut-être dans le voisinage quelques colons belges, qui trouveront en eux aide, lumière et protection. Quand nos religieux agriculteurs auront réussi à former les indigènes au travail de la terre, d'habiles et courageux capitalistes comme les anciens planteurs des Antilles, iront peut-être un jour fonder dans les fécondes vallées du Congo des établissements qui pourront rivaliser avec ceux des Trappistes, dont ils auront pratiqué les méthodes et suivi les conseils désintéressés.

En tout cas, — et c'est là, selon la remarque d'un homme d'État, un des côtés essentiels à envisager dans la fondation des monastères au milieu des races idolâtres et sauvages, — la présence de ces moines héroïques qui donnent à tous l'exemple des plus hautes et des plus difficiles vertus, maintiendra parmi les blancs qui doivent gouverner, diriger, exploiter ces régions, un niveau de moralité, de justice et de charité, que n'ont pas toujours su conserver les anciens possesseurs des colonies africaines. « Une société nouvelle, dit M. de Corcelle, exige une loi morale plus sévère, s'il est possible, que celle de la société ancienne qui a été son berceau, surtout si elle est en contact avec des peuplades inférieures. Au lieu de les élever à son niveau, elle descend trop souvent au leur. »

Les funestes conséquences de ces relations redoutables avec des races dégradées ont frappé l'attention des anciens historiens des expéditions d'outre-mer et des fondations coloniales. La foi des Croisés eux-mêmes n'y a pas échappé ; trop souvent ils prenaient les mœurs des orientaux, ils embrassaient même quelquefois les trop faciles doctrines du Coran. Trop souvent aussi, au Congo et dans les Indes, les Portugais donnaient aux naturels des exemples déplorables et démentaient par leur conduite la religion qu'ils semblaient professer en la proposant aux nations indigènes.

Pour écarter de notre grande colonie africaine les conséquences de ce triste phénomène et pour faire en sorte que nos braves Belges ne ressemblent pas un jour aux sauvages Congolais, un des principaux moyens assurément est de relever autant que possible le niveau moral des uns et des autres par l'établissement de nombreuses et ferventes missions catholiques, par la fondation de grandes abbayes agricoles, qui tout en cultivant un sol jusqu'à présent improductif, cultiveront aussi les âmes de ceux qui doivent l'exploiter. Comme l'écrivait M. F. de Corcelle à M. Villemain, ministre de l'instruction publique : « Il est à croire que d'éclatants exemples d'austérité, de charité donnés par des associations religieuses vouées à la culture des terres, finiront par émouvoir les Arabes et seront très salutaires à l'égard des Européens. » Et l'éminent député français disait au maréchal Bugeaud en le conjurant d'installer au plus tôt les Trappistes à Staouëli : « Je vous supplie d'admettre bientôt cette goutte de sainteté dans la caverne africaine. »   *(Précis historiques.)*

On peut dire la même chose de tous les établissements coloniaux qui, à l'heure présente, se partagent le centre du ténébreux Continent.

Si les colonies anglaises sont en général si prospères, c'est que partout l'élément religieux y est en honneur.

Nulle part aujourd'hui les missions catholiques ne jouissent de plus de liberté, de plus de considération et de bienveillance, nulle part elles n'exercent plus d'influence autour d'elles que dans les possessions britanniques. C'est un témoignage à rendre aux Anglais, et c'est à nous de profiter de leur exemple.

Ajoutons un dernier mot. A la date des dernières nouvelles (1895) la colonie des Trappistes de N'Tampa a déménagé pour aller s'établir à **Coquilhatville**, poste de l'État belge situé sur le Congo central, au confluent du Rouki, et auquel on a donné le nom du capitaine Coquilhat, l'un de nos premiers pionniers sur le continent Noir.

Espérons que bientôt la Congrégation bénédictine belge de Maredsous (province de Namur) voudra, elle aussi, envoyer en Afrique un essaim de colons-missionnaires, dignes fils de ces moines-agriculteurs qui, au début du moyen âge, ont joué un si grand rôle dans la civilisation de notre Europe.

FIN.

POSTFACE.

EN 1887, *nous avons publié, sous le titre de* **Congo belge illustré,** *l'exposé historique de la fondation de l'État indépendant, que venait de créer en Afrique le roi Léopold II.*

Dans la 4e édition de cet ouvrage, parue en 1892, nous avons pu conduire le récit depuis la découverte du fleuve Congo par Henry Stanley en 1876-77, jusqu'en 1890, y compris le testament du Roi, ou l'offre de donation du Congo par le Roi-Souverain, et l'acceptation éventuelle par les Chambres belges.

Les événements accomplis en Afrique de 1891 à 1894 étaient trop nombreux, trop importants, pour ne constituer dans la prochaine édition qu'un appendice au volume de l'histoire générale, déjà assez considérable par lui-même.

Il semblait donc nécessaire de publier en un volume spécial l'histoire de ces quatre années, envisagée à quatre points de vue différents, quoique connexes en bien des endroits, savoir :

1º L'action politique et militaire, *ou la guerre de l'État contre les Arabes envahisseurs et révoltés, action synthétisée par la brillante campagne du commandant Dhanis.*

2º L'action humanitaire, *ou la lutte pour la destruction de l'horrible traite des nègres, personnifiée dans l'expédition antiesclavagiste du capitaine Jacques, au moyen de souscriptions libres du peuple belge.*

3º L'action utilitaire, *ou voyage d'exploration géographique de de M. Alexandre Delcommune, chef de l'expédition commerciale au Katanga.*

4º L'action civilisatrice et religieuse, *représentée au Congo par nos Pères missionnaires et nos Sœurs de charité, de diverses congrégations : Pères Blancs, Pères de Scheut, Jésuites, Trappistes, Sœurs Blanches et Sœurs de Notre-Dame de Namur.*

On le voit, cet ouvrage est une suite naturelle, non seulement à notre **Congo belge illustré,** *mais encore à plusieurs autres ouvrages de vulgarisation, tels que :* **la Traite des Nègres, la Barbarie africaine, les Congolais, Stanley l'Africain, Alexis Vrithoff.**

C'est à ce titre multiple que nous offrons nos **Soldats et Missionnaires au Congo,** *au public qui s'intéresse à tout ce qui se fait en Afrique de grand et de beau par nos compatriotes, suivant ainsi courageusement la généreuse impulsion donnée par le Roi-Souverain.*

Nous l'offrons surtout à la jeunesse ardente et intelligente de nos établissements d'instruction. Comme dans nos précédents ouvrages, ils y trouveront des exemples de vertus civiques et religieuses, dignes d'applaudissement, et capables de soutenir au loin la réputation de la Belgique, « ce pays si petit sur la carte d'Europe, qui accomplit de si grandes choses en Afrique ! »

Pro Deo et Patria.

Noël 1895.

F. Alexis-M. G.

TABLE DES MATIÈRES.

Ie PARTIE.
Le capitaine Dhanis et la guerre contre les Arabes.

Ch. I. Situation préalable. Le Mahométisme. ... ... p. 9
Ch. II. Campagne dans le Manyéma... 16

    Massacres de Lippens et d'Hodister, 17. — Campagne contre Séfu et Moharra, 21. — Prises de Nyangwé et de Kassongo, 23. — Rumaliza, 27. — Rumaliza battu, 33. — Soumission de Rachid, 34.

Ch. III. Le capitaine Chaltin dans la région centrale... ... 36

    Sur le Lomami, 39. — A Bena Kamba, 42. — Prise du camp arabe de Tchari, 44. — Combat et prise de Riba-Riba, 52. — Victoire des Stanley-Falls, 54.

Ch. IV. Retour en Belgique. 59

    Résultats de la campagne, 59. — Réceptions à Anvers et à Bruxelles, 61. — Nécrologie : Ponthier, de Wouters d'Oplinter, 63 ; Debruyn, 66; lieutenant Hodister, 69 ; Emin-Pacha, 71.

IIe PARTIE.
Le capitaine Jacques et les expéditions antiesclavagistes belges.

Ch. I. De Belgique au Tanganika. ... ... p. 73

    Les quatre expéditions, commandées par le lieutenant Hincq, le capitaine Jacques, le lieutenant Long, le capitaine Descamps, 74. — Départ du capitaine Jacques, 75. — A Bagamoyo, 76. — A Tabora, 81. — A Karéma. Rencontre du capitaine Joubert, 84.

Ch. II. La guerre au Tanganika... 89

    Fondation du fort d'Albertville, 91. — Jacques chez Rumaliza, 92. — Arrivée de Delcommune, 95. — Siège du boma arabe ; échec, 96. — *Un canon, s'il vous plaît*, 100.

Ch. III. Victoire sur les esclavagistes. 101

    Arrivée de Duvivier et prise du boma arabe, 102. — Toka-Toka en fuite, 103. — Arrivée du capitaine Descamps et des deux canons, 106. — Arrivée du lieutenant Long, 110. — Victoire sur Mouhina, 111. — Jonction des expéditions Descamps et Dhanis, 113.

Ch. IV. Retour en Belgique. 116

    Les adieux du capitaine Jacques à Mpala, 116. — Retour par le Zambèze, Zanzibar, Suez et Paris, 120. — Les fêtes de réception à Bruxelles et à Vielsalm, 122.

IIIᵉ PARTIE.
Alexandre Delcommune et les expéditions commerciales au Katanga.

Ch. I. Les quatre expéditions commerciales. ... p. 127

Commandants : M. Alexandre Delcommune, lieutenant Hodister, capitaine Stairs, capitaine Bia, 127.

Ch. II. Expédition Delcommune. ... 129

D'Anvers à Léopoldville, 129. — Aux Stanley-Falls, 134. — Au lac Kassali, 140. — Bunkéia, capitale du Msiri, 148. — Les gorges de Nzilo, effroyable situation, 150. — *Hourrah Tanganika !* 152. — Le capitaine Joubert, 155. — Au secours du capitaine Jacques, 156. — Le lac Tanganika, 158.

Ch. III. Retour en Belgique. ... 162

Du Tanganika à Bruxelles, 162. — Résultats scientifiques, 165. — Réceptions solennelles à Bruxelles, 166. — L'ingénieur Diderrich et le petit Kalala, 168.

IVᵉ PARTIE.
Les missions catholiques belges au Congo.

Ch. I. Les Pères blancs au Tanganika. ... 175

Mort des Pères Vincke et Vanderstraeten, 178.

Ch. II. Les Pères missionnaires de Scheut, au Congo ... 181

Lettre du Père Huberland, sa mort, 185. — Baptême du chef Ebéké, 190. — L'école-colonie de la Nouvelle-Anvers, 195. — Voyages de Matadi à Lousambo, 199.

Ch. III. Les Sœurs de Charité au Congo. ... 207

Premier départ, 207. — Lettres de sœur Amalia, 210, et de sœur Marie-Godeliève, 215.

Ch. IV. Les Pères jésuites et les Sœurs de Notre-Dame au Kwango. ... 218

Chant d'adieu, 220. — Le voyage, 222. — La colonie de Sainte-Marie de Kimuenza, 224. — Lettre du P. Liagre, 227.

Ch. V. Les Pères Trappistes au Congo. ... 233

Imprimé par Desclée, De Brouwer et Cie.

www.ingramcontent.com/pod-product-compliance
Lightning Source LLC
Chambersburg PA
CBHW071943160426
43198CB00011B/1515